# A sociologia do corpo

Dados Internacionais de Catalogação na Publicação (CIP)
(Câmara Brasileira do Livro, SP, Brasil)

Le Breton, David, 1953-
 A sociologia do corpo / David Le Breton ; tradução de Sonia Fuhrmann. 6. ed. – Petrópolis, RJ : Vozes, 2012.

 7ª reimpressão, 2025.

 ISBN 978-85-326-3327-9

 Título original : La sociologie du corps
 Bibliografia.

 1. Corpo humano – Aspectos sociais I. Título.

06-2611                                                                 CDD-306.4

Índices para catálogo sistemático:
1. Corpo : Aspectos sociais : Sociologia    306.4
2. Sociologia do corpo                       306.4

**David Le Breton**

# A sociologia do corpo

Tradução de Sonia Fuhrmann

Petrópolis

© Presses Universitaires de France, 1992
6, avenue Reille, 75014 Paris

Tradução do original em francês intitulado *La sociologie du corps*

Direitos de publicação em língua portuguesa:
2006, Editora Vozes Ltda.
Rua Frei Luís, 100
25689-900 Petrópolis, RJ
www.vozes.com.br
Brasil

Todos os direitos reservados. Nenhuma parte desta obra poderá
ser reproduzida ou transmitida por qualquer forma e/ou quaisquer
meios (eletrônico ou mecânico, incluindo fotocópia e gravação) ou
arquivada em qualquer sistema ou banco de dados sem permissão
escrita da editora.

| CONSELHO EDITORIAL | PRODUÇÃO EDITORIAL |
|---|---|
| **Diretor** | Aline L.R. de Barros |
| Volney J. Berkenbrock | Jailson Scota |
| | Marcelo Telles |
| **Editores** | Mirela de Oliveira |
| Aline dos Santos Carneiro | Natália França |
| Edrian Josué Pasini | Otaviano M. Cunha |
| Marilac Loraine Oleniki | Priscilla A.F. Alves |
| Welder Lancieri Marchini | Rafael de Oliveira |
| | Samuel Rezende |
| **Conselheiros** | Vanessa Luz |
| Elói Dionísio Piva | Verônica M. Guedes |
| Francisco Morás | |
| Gilberto Gonçalves Garcia | |
| Ludovico Garmus | |
| Teobaldo Heidemann | |
| **Secretário executivo** | |
| Leonardo A.R.T. dos Santos | |

*Editoração*: Fernando Sergio Olivetti da Rocha
*Diagramação*: Carlos Drummond
*Capa*: Bruno Machado e Bruno Margiotta

ISBN 978-85-326-3327-9 (Brasil)
ISBN 2-13-052844-9 (França)

Este livro foi composto e impresso pela Editora Vozes Ltda.

# Sumário

**Introdução,** 7
I - A condição corporal, 7
II - A preocupação social com o corpo, 9
III - Sociologia do corpo, 11
IV - Desenvolvimento, 13

**I - Corpo e sociologia: etapas,** 15
I - Uma sociologia implícita, 15
II - Uma sociologia em pontilhado, 18

**II - Sobre algumas ambiguidades,** 24
I - Ambiguidades do referente "corpo", 24
II - Elementos históricos, 25
III - Elementos etnológicos, 27
IV - Corpo, elemento do imaginário social, 30

**III - Dados epistemológicos,** 32
I - A tarefa, 32
II - Ambiguidades a esclarecer, 35
III - Uma sociologia do corpo?, 35
IV - Os riscos, 36

**IV - Campos de pesquisas 1: Lógicas sociais e culturais do corpo,** 39
I - As técnicas do corpo, 39
II - A gestualidade, 44
III - A etiqueta corporal, 47
IV - A expressão dos sentimentos, 51
V - As percepções sensoriais, 55
VI - As técnicas de tratamento, 57
VII - As inscrições corporais, 59
VIII - A má conduta corporal, 60

**V - Campos de pesquisas 2: Imaginários sociais do corpo,** 62

I - "Teorias" do corpo, 62

II - Abordagens biológicas da corporeidade, 62

III - Diferença entre os sexos, 65

IV - Corpo, suporte de valores, 69

V - O corpo imaginoso do racismo, 72

VI - O corpo "deficiente", 73

**VI - Campos de pesquisas 3: O corpo no espelho do social,** 77

I - As aparências, 77

II - Controle político da corporeidade, 79

III - Classes sociais e relações com o corpo, 81

IV – Modernidades, 84

V - Risco e aventura, 87

VI - O corpo supranumerário, 89

**VII - Estatuto da sociologia do corpo,** 92

I - O canteiro de obras, 92

II - A tarefa, 93

**Bibliografia,** 95

# Introdução

## I - A condição corporal

A sociologia do corpo constitui um capítulo da sociologia especialmente dedicado à compreensão da corporeidade humana como fenômeno social e cultural, motivo simbólico, objeto de representações e imaginários. Sugere que as ações que tecem a trama da vida quotidiana, das mais fúteis ou das menos concretas até aquelas que ocorrem na cena pública, envolvem a mediação da corporeidade; fosse tão somente pela atividade perceptiva que o homem desenvolve a cada instante e que lhe permite ver, ouvir, saborear, sentir, tocar e, assim, colocar significações precisas no mundo que o cerca.

Moldado pelo contexto social e cultural em que o ator se insere, o corpo é o vetor semântico pelo qual a evidência da relação com o mundo é construída: atividades perceptivas, mas também expressão dos sentimentos, cerimoniais dos ritos de interação, conjunto de gestos e mímicas, produção da aparência, jogos sutis da sedução, técnicas do corpo, exercícios físicos, relação com a dor, com o sofrimento, etc. Antes de qualquer coisa, a existência é corporal. Procurando entender esse lugar que constitui o âmago da relação do homem com o mundo, a sociologia está diante de um imenso campo de estudo. Aplicada ao corpo, dedica-se ao inventário e à compreensão das lógicas sociais e culturais que envolvem a extensão e os movimentos do homem.

Os usos físicos do homem dependem de um conjunto de sistemas simbólicos. Do corpo nascem e se propagam as significações que fundamentam a existência individual e coletiva; ele é o eixo da relação com o mundo, o lugar e o tempo nos quais a existência toma forma através da fisionomia singular de um ator. Através do corpo, o homem apropria-se da substância de sua vida traduzindo-a para os outros, servindo-se dos sistemas simbólicos que compartilha com os membros da comunidade. O ator abraça fisicamente o mundo apoderando-se dele, humanizando-o e, sobretudo, transformando-o em universo familiar, compreensível e carregado de sentidos e de valores que, enquanto experiência, pode ser compartilhado pelos atores inseridos, como ele, no mesmo sistema de referências culturais. Existir significa em primeiro lugar mover-se em determinado espaço e tempo, transformar o meio graças à soma de gestos eficazes, escolher e atribuir significado e valor aos inúmeros estímulos do meio graças às atividades perceptivas, comunicar aos outros a palavra, assim como um repertório de gestos e mímicas, um conjunto de rituais corporais implicando a adesão dos outros. Pela corporeidade, o homem faz do mundo a extensão de sua experiência; transforma-o em tramas familiares e coerentes, disponíveis à ação e permeáveis à compreensão. Emissor ou receptor, o corpo produz sentidos continuamente e assim insere o homem, de forma ativa, no interior de dado espaço social e cultural.

Qualquer que seja o lugar e a época do nascimento e as condições sociais dos pais, a criança está predisposta inicialmente a interiorizar e a reproduzir os traços físicos particulares de qualquer sociedade humana. A história deixa evidente também que parte do registro específico de certos animais lhe é acessível, lembrando para tanto da aventura excepcional de certas crianças ditas "selvagens". Ao nascer, a criança é constituída pela soma infinita de disposições antropológicas que só a imersão no campo simbólico, isto é, a relação com os outros, poderá permitir o desenvolvimento. São necessários à criança alguns anos antes que seu corpo esteja inscrito realmente, em diferentes dimensões, na teia de significações que cerca e estrutura seu grupo de pertencimento.

Esse processo de socialização da experiência corporal é uma constante da condição social do homem que, entretanto, encontra em certos períodos da existência, principalmente na infância e na adolescência, os momentos fortes. A criança cresce numa família cujas características sociais podem ser variadas e que ocupa uma posição que lhe é própria no jogo das variações que caracterizam a relação com o mundo da comunidade social em que está inserida. Os feitos e gestos da criança estão envolvidos pelo padrão cultural (*ethos*) que suscita as formas de sua sensibilidade, a gestualidade, as atividades perceptivas, e desenha assim o estilo de sua relação com o mundo. A educação nunca é uma atividade puramente intencional, os modos de relação, a dinâmica afetiva da estrutura familiar, a maneira como a criança se situa nessa trama e a submissão ou resistência que a ela opõe aparecem como coordenadas cuja importância é mais e mais considerada na socialização.

O corpo existe na totalidade dos elementos que o compõem graças ao efeito conjugado da educação recebida e das identificações que levaram o ator a assimilar os comportamentos de seu círculo social. Mas, a aprendizagem das modalidades corporais, da relação do indivíduo com o mundo, não está limitada à infância e continua durante toda a vida conforme as modificações sociais e culturais que se impõem ao estilo de vida, aos diferentes papéis que convém assumir no curso da existência. Se a ordem social se infiltra pela extensão viva das ações do homem para assumir força de lei, esse processo nunca está completamente acabado.

A expressão corporal é socialmente modulável, mesmo sendo vivida de acordo com o estilo particular do indivíduo. Os outros contribuem para modular os contornos de seu universo e a dar ao corpo o relevo social que necessita, oferecem a possibilidade de construir-se inteiramente como ator do grupo de pertencimento. No interior de uma mesma comunidade social, todas as manifestações corporais do ator são virtualmente significantes aos olhos dos parceiros. Elas só têm sentido quando relacionadas ao conjunto de dados da simbologia própria do grupo social. Não há nada de natural no gesto ou na sensação[1].

## II - A preocupação social com o corpo

No final dos anos 1960, a crise da legitimidade das modalidades físicas da relação do homem com os outros e com o mundo amplia-se consideravelmente com o feminismo, a "revolução sexual", a expressão corporal, o *body-art*, a crítica do esporte, a emergência de novas terapias, proclamando bem alto a ambição de se associar somente ao corpo, etc. Um novo imaginário do corpo, luxuriante, invade a sociedade, nenhuma região da prática social sai ilesa das reivindicações que se desenvolvem na crítica da condição corporal dos atores[2].

---

1   • LE BRETON, D. *Anthropologie du corps et modernité*. 5. ed. Paris: PUF, 2001.

2   • Sobre essa efervescência social, cf. MAISONNEUVE, J. Le corps et le corporéisme aujourd'hui. *Revue Française de Sociologie*, XVII, 1976, p. 551-571.

Frequentemente indiscreta, a crítica apodera-se de uma noção de senso comum: "o corpo". Sem discussão prévia, faz dele símbolo de união, cavalo de batalha contra um sistema de valores considerado repressivo, ultrapassado, e que é preciso transformar para favorecer o desabrochar individual. As práticas e os discursos que surgem propõem ou exigem uma transformação radical das antigas representações sociais. Uma literatura abundante e inconscientemente surrealista convida à "libertação do corpo", proposta que, quando muito, é angelical. A imaginação pode perder-se indefinidamente nesse discurso fantástico no qual o corpo se "liberta", sem que saibamos bem o que acontece com o homem (seu mestre?) a quem o corpo dá, no entanto, a extensão e a aparência. Nesse discurso o corpo é colocado não como algo indistinto do homem, mas como uma posse, um atributo, um outro, um *alter ego*. O homem é a fantasia desse discurso, o sujeito suposto. A apologia ao corpo é, sem que tenha consciência, profundamente dualista, opõe o indivíduo ao corpo e, de maneira abstrata, supõe uma existência para corpo que poderia ser analisada fora do homem concreto. Denunciando frequentemente o "parolismo" da psicanálise, esse discurso de liberação, pela abundância e pelos inúmeros campos de aplicação, alimentou o imaginário dualista da modernidade: essa facilidade de linguagem que leva a falar do corpo, sem titubear e a todo momento, como se fosse outra coisa que o corpo de atores em carne.

A crise de significação e de valores que abala a modernidade, a procura tortuosa e incansável por novas legitimidades que ainda hoje continuam a se ocultar, a permanência do provisório transformando-se em tempo da vida, são, entre outros fatores, os que contribuíram logicamente para comprovar o enraizamento físico da condição de cada ator. O corpo, lugar do contato privilegiado com o mundo, está sob a luz dos holofotes. Problemática coerente e até inevitável numa sociedade de tipo individualista que entra numa zona turbulenta, de confusão e de obscurecimento das referências incontestáveis e conhece, em consequência, um retorno maior à individualidade.

De fato, o corpo quando encarna o homem é a marca do indivíduo, a fronteira, o limite que, de alguma forma, o distingue dos outros. Na medida em que se ampliam os laços sociais e a teia simbólica, provedora de significações e valores, o corpo é o traço mais visível do ator. Segundo as palavras de Durkheim, o corpo é um fator de "individualização"[3]. O lugar e o tempo do limite, da separação. Como a crise da legitimidade torna a relação com o mundo incerta, o ator procura, tateando suas marcas, empenhar-se por produzir um sentimento de identidade mais favorável. Hesita de certa forma com o encarceramento físico do qual é objeto. Dá atenção redobrada ao corpo lá onde ele se separa dos outros e do mundo. Já que o corpo é lugar do rompimento, da diferenciação individual, supõe-se que possua a prerrogativa da possível reconciliação. Procura-se o segredo perdido do corpo. Torná-lo não um lugar da exclusão, mas o da inclusão, que não seja mais o que interrompe, distinguindo o indivíduo e separando-o dos outros, mas o conector que o une aos outros. Pelo menos este é um dos imaginários sociais mais férteis da modernidade[4].

## III - Sociologia do corpo

Como se sabe, as sociologias nascem em zonas de ruptura, de turbulência, de falha das referências, de confusões, de crise das instituições, numa palavra, lá onde são eliminadas as antigas legitimidades. Lá onde é desenhado o fio condutor do pensamento aplicado na compreensão e na determinação de conceitos, naquilo que escapa temporariamente aos modos habituais de idealização do mundo. Trata-se de dar significação à desordem aparente, de encontrar as lógicas sociais e culturais. O trabalho, o mundo rural, a vida quotidiana, a família, a juventude, a morte, por exemplo, são eixos de análise para a sociologia que só conheceram o desenvolvimento integral quando as representações sociais e culturais que os dissolviam, até então, na evidência, começaram a se modificar suscitando uma inquietação difusa no seio da comunidade. O mesmo aconteceu ao corpo. O final dos anos 1960 assistiu, logicamente e de modo mais sistemático, a manifestação de abordagens que levavam em consideração, sob diversos ângulos, as modalidades físicas da relação do ator com o meio social e cultural que o cerca. O corpo faz, assim, sua entrada triunfal na pesquisa em ciências sociais: J. Baudrillard, M. Foucault, N. Elias, P. Bourdieu, E. Goffman,

3 • DURKHEIM, E. *Les formes élémetaires de la vie réligieuse*. Paris: PUF, 1968, p. 386ss.

4 • A acentuação da crise da legitimidade e o crescimento individualista dos anos 1980 tornaram o corpo ainda mais autônomo a ponto de fazê-lo frequentemente um parceiro, um verdadeiro *alter ego*. Cf. LE BRETON, D. *Anthropologie du corps et modernité* (op. cit.) e *L'adieu du corps* (Métailié, 1999).

M. Douglas, R. Birdwhistell, B. Turner, E. Hall, por exemplo, encontram frequentemente, pelos caminhos que trilham, os usos físicos, a representação e a simbologia de um corpo que faz por merecer cada vez mais a atenção entusiasmada do domínio social. Nos problemas que esse difícil objeto levanta, eles encontram uma via inédita e fecunda para a compreensão de problemas mais amplos ou, então, para isolar os traços mais evidentes da modernidade. Outros, para citar alguns exemplos na França, como F. Loux, M. Bernar, J.-M. Berthelot, J.-M. Brohm, D. Le Breton ou G. Vigarello, dedicam-se de modo mais sistemático a desvendar as lógicas sociais e culturais que se imbricam na corporeidade.

Essa descoberta não é, evidentemente, fruto de súbita esperteza característica dos anos 1960, 1970. Não se deve confundir a emergência de uma nova preocupação e da proliferação de práticas e discursos com a constituição de pleno direito de uma disciplina e, ainda menos, com a admirável descoberta de um novo objeto de estudo. Esses anos marcarão mais precisamente a incursão no cenário coletivo de um novo imaginário que as ciências sociais, atentas aos dados contemporâneos, captariam imediatamente. Do distanciamento crítico adotado por alguns pesquisadores, passou a existir o cuidado redobrado com relação aos condicionantes sociais e culturais que modelam a corporeidade humana. Mas "uma sociologia implícita do corpo" (J.-M. Berthelot) já estava presente desde o início no pensamento sociológico, principalmente sob o ponto de vista do estudo crítico da "degenerescência" das populações mais pobres, aquela da condição operária (Marx, Villermé, Engels, etc.), ou das antropometrias (Quetelet, Niceforo, etc.). Sociólogos como G. Simmel abrem importantes vias (o sensório, a fisionomia, o olhar, etc.). Mais tarde, M. Mauss, M. Halbwachs, G. Friedmann, M. Granet, M. Leenhardt, no contexto francês; em outros lugares, E. De Martino, M. Eliade, W. La Barre, C. Kluckhohn, O. Klineberg, E. Sapir, D. Efron, etc., contribuem decisivamente nesse sentido, apesar da cesura feita por E. Durkheim que identifica a corporeidade ao orgânico evitando, assim, o interesse das ciências sociais.

A partir do início do século XX até os anos 1960, um esboço de sociologia faz abundantes descobertas relacionadas ao corpo. Sem sombra de dúvidas, é somente nos últimos trinta anos que a sociologia aplicada ao corpo torna-se uma tarefa sistemática e que alguns pesquisadores consagraram-lhe parte significativa de sua atenção.

## IV - Desenvolvimento

Veremos de início, de modo esquemático, as principais etapas da abordagem do corpo pelas ciências sociais (capítulo I). Em seguida, nos questionaremos sobre a ambiguidade do referente "corpo", que está longe de ser unanimidade e, à primeira vista, sugere somente uma relação conjectural com o ator que encarna. Dados históricos e antropológicos mostram assim a variabilidade das definições de "corpo" que sempre dá a impressão de tergiversar (capítulo II). Para empreender uma análise sociológica é conveniente desconstruir a evidência primeira que está ligada às nossas representações ocidentais do corpo, para melhor elaborar a natureza do objeto sobre o qual o pesquisador pretende exercer a compreensão. Também é importante notar que a sociologia aplicada ao corpo em nada se distingue, por seus métodos ou procedimentos de raciocínio, da sociologia da qual é um dos tópicos (capítulo III). Na sequência, trataremos das conquistas e das expectativas dos diferentes trabalhos conduzidos, nesse campo, pelas ciências sociais. Por exemplo, os trabalhos relacionados com as lógicas sociais e culturais próprias à corporeidade: as técnicas do corpo, as atividades perceptivas, a gestualidade, as regras de etiqueta, a expressão dos sentimentos, as técnicas de manutenção, as marcas corporais, as condutas corporais impróprias (nosografias, etc.) (capítulo IV). Os imaginários sociais do corpo constituem um outro campo: "teorias" do corpo, abordagens biológicas que pretendem explicar os comportamentos dos atores, interpretação social e cultural das diferenças entre os sexos, valores diferenciais que marcam a corporeidade, imaginários do racismo, corpo "deficiente" (capítulo V). Um terceiro campo de pesquisa refere-se ao corpo no espelho do social e diz respeito ao uso e à significação do corpo na sociedade contemporânea: usos de aparência, controle político da corporeidade, classes sociais e relações com o corpo, relações com a modernidade, entusiasmo pela exploração física de si através dos riscos ou da "nova aventura", verificação de um imaginário do "corpo a mais" na modernidade (capítulo VI). A obra termina com uma reflexão sobre o estatuto da sociologia do corpo (capítulo VII) e finalmente por uma bibliografia sumária.

# Capítulo I

# Corpo e sociologia: etapas

O caminho histórico da reflexão feita sobre a corporeidade humana pode ser traçado desde os primeiros passos das ciências sociais, no decorrer do século XIX. Recorrendo a uma simplificação, distinguimos três momentos fortes que descrevem simultaneamente três pontos de vista, três maneiras de encarar o tema e que ainda hoje persistem na sociologia:

a) Uma sociologia implícita do corpo que, embora não negligencie a profundidade carnal do homem, não se detém verdadeiramente nela. Aborda a condição do ator nos diferentes componentes e, sem se esquecer do corpo, dilui, no entanto, sua especificidade na análise.

b) Uma sociologia em pontilhado: proporciona sólidos elementos de análise relativos ao corpo, mas não sistematiza a reunião dos mesmos.

c) Uma sociologia do corpo: inclina-se mais diretamente sobre o corpo, estabelece as lógicas sociais e culturais que nele se propagam. Faremos referência mais adiante ao campo que desenvolve e suas conquistas.

## I - Uma sociologia implícita

Essa formulação emprestada de J.-M. Berthelot caracteriza sobretudo o início das ciências sociais, principalmente durante o século XIX[5]. Nelas, a corporeidade humana é vista através de ângulos de análise mutuamente contraditórios.

### 1. Incidências sociais sobre o corpo

A primeira via de análise, através da situação social dos atores, deduz que não podem escapar à condição física. Nessa concepção o ho-

---

5 • Para a história do pensamento sobre o corpo nas ciências sociais, cf. BERTHELOT, J.-M.; DRULHE, M. , CLÉMENT, S. ; FORNÉ, J. & M'BODG G. , *Les sociologies et le corps*. *Current Sociology*, vol. 53, n. 2, 1985.

mem é visto como uma emanação do meio social e cultural. Numerosas são as pesquisas sociais que apontam a miséria física e moral das classes trabalhadoras, a insalubridade e a exiguidade das moradias, a vulnerabilidade às doenças, o recurso ao álcool, a prostituição frequentemente inevitável das mulheres, o aspecto miserável dos trabalhadores duramente explorados, a terrível condição das crianças obrigadas a trabalhar desde a mais tenra idade. Sobretudo os estudos de Villermé (*Quadro explicativo do estado físico e moral dos operários empregados nas manufaturas de algodão, de lã e de seda*, 1840) e de Buret (*Da medida das classes laboriosas na Inglaterra e na França*, 1840) marcam os espíritos e alimentam aspirações revolucionárias ou reformadoras. Engels traça, de forma análoga, um quadro da classe trabalhadora (*A situação da classe laboriosa na Inglaterra*, 1845). Em *O capital* (1867), Marx faz uma análise clássica da condição corporal do homem no trabalho. Seus estudos têm objetivos mais urgentes que o de encontrar ferramentas suscetíveis de pensar o corpo de maneira metódica, no entanto contêm a primeira condição para a abordagem sociológica do corpo. Corpo que, de fato, não é pensado somente do ponto de vista biológico, mas como uma forma moldada pela interação social.

Para Villermé, Marx ou Engels, é mais importante revelar a condição miserável da classe trabalhadora no contexto da Revolução Industrial. A corporeidade não é objeto de estudo à parte, ela é subsumida nos indicadores ligados aos problemas de saúde pública ou de relações específicas ao trabalho. A relação física do operário com o mundo que o cerca, sua aparência, saúde, alimentação, moradia, sexualidade, sua procura pelo álcool, a educação das crianças, são alternadamente consideradas para fazer um levantamento sem compaixão das condições de existência das camadas trabalhadoras. A constatação implícita do caráter social da corporeidade resulta no apelo às reformas e, mais radicalmente, no engajamento revolucionário. Existe uma real conscientização de que as condições de trabalho e de vida mais favoráveis dariam a esses homens uma saúde melhor e maior vitalidade. Para Villermé, Buret, Marx e Engels, por exemplo, o corpo é implicitamente um fato de cultura. A condição operária que transparece em seus estudos é uma crítica cruel do modo de funcionamento social que exige modificação. Não existe ainda a vontade sistemática de conceituar este ou aquele aspecto da experiência corporal. E com razão.

16

## 2. O homem, "produto" do corpo

Outra orientação do pensamento efetivamente contrária à anterior conduz à legitimação do estado social tal como se apresenta à observação. Assim, determina que as características biológicas do homem façam com que sua posição, no conjunto, seja aquela que lhe é justamente devida. Ao invés de fazer da corporeidade um efeito da condição social do homem, essa corrente do pensamento faz da condição social o produto direto do corpo. Trata-se de submeter à primazia do biológico (mais ainda, de um imaginário biológico) as diferenças sociais e culturais, de naturalizar as diferenças de condição justificando-as por observações "científicas": o peso do cérebro, o ângulo facial, a fisiognomonia, a frenologia, o índice cefálico, etc. O corpo é atormentado por essa imaginação abundante. Procura-se por meio de numerosas medidas as provas irrefutáveis do pertencimento a uma "raça": os sinais manifestos, inscritos na pele, da "degenerescência" ou da criminalidade. De imediato, o destino do homem se inscreve na conformação morfológica; a "inferioridade" das populações destinadas à colonização ou já colonizadas por "raças" mais "evoluídas"; justifica-se o destino das populações trabalhadoras por alguma forma de debilidade. Finalmente, a ordem do mundo obedece à ordem biológica cujas provas são encontradas nas aparências corporais. Mede-se, pesa-se, corta-se, fazem-se autópsias, classificam-se incontáveis sinais transformados em índices a fim de decompor o indivíduo sob os auspícios da raça ou da categoria moral. A corporeidade entra na era da suspeição e torna-se facilmente uma peça de convicção. As qualidades do homem são deduzidas da feição do rosto ou das formas do corpo. Ele é percebido como a evidente emanação moral da aparência física. O corpo torna-se descrição da pessoa, testemunha de defesa usual daquele que encarna. O homem não tem poder de ação contra essa "natureza" que o revela; sua subjetividade só pode acrescentar pormenores sem reflexos sobre o conjunto.

## 3. Posicionamento dos sociólogos

E. Durkheim e seus colaboradores contestarão a fascinação pelo modelo biológico na explicação do fato social. Mas, a consequência do esforço de vigilância será o aprisionamento da corporeidade no domínio da organicidade, com a notável exceção de Robert Hertz e Marcel Mauss. Para Durkheim, a dimensão corporal do homem depende da organicidade, mesmo que seja marcada pelas condições de vida. Nesse sentido, a corporeidade é muito mais da competência da medicina ou da biologia que da sociologia. O corpo permanece implícito na obra de Durkheim. Na Alemanha, a sociologia de Max Weber desconsidera o corpo, a despeito dos apelos de Nietzsche ou das análises daquele franco-atirador que abre numerosas portas: Georg Simmel.

#### 4. A psicanálise

No início do século XX, à medida que se desenvolvia, a psicanálise acabava por romper o vínculo que mantinha o corpo sob a égide do organicismo. Freud revela a maleabilidade do corpo, o jogo sutil do inconsciente na pele do homem; faz do corpo uma linguagem na qual, de modo secreto, são expressas as relações individuais e sociais, os protestos e os desejos. Freud edifica uma ruptura epistemológica que liberta a corporeidade humana da língua de pau dos positivistas do século XIX. Muito embora não sendo sociólogo, torna a corporeidade compreensível como matéria modelada, até certo ponto, pelas relações sociais e as inflexões da história pessoal do sujeito. A partir de 1895, nos *Estudos sobre a histeria* que escreve com Breuer, surge uma sociologia do corpo subjacente que torna possível um olhar diferente sobre a natureza da presença do homem no mundo. Freud introduz o relacional na corporeidade, o que a torna imediatamente estrutura simbólica. No entanto, nem sempre encontra seguidores entre os sociólogos que continuam frequentemente ligados à representação organicista do corpo, abandonando efetivamente qualquer estudo sério relativo ao corpo, mantendo-o afastado do campo de legitimidade da sociologia.

## II - Uma sociologia em pontilhado

### 1. Contribuições sociológicas

A passagem progressiva da questionável antropologia física, que deduz do aspecto morfológico as qualidades do homem, para a consciência de que o homem constrói socialmente seu corpo, não sendo de modo algum a emanação existencial de propriedades orgânicas, estabelece o primeiro marco milenar da sociologia do corpo: o homem não é o produto do corpo, produz ele mesmo as qualidades do corpo na interação com os outros e na imersão no campo simbólico. A corporeidade é socialmente construída. Na passagem do século XIX para o século XX, um esboço da sociologia do corpo surge aos poucos com os trabalhos de Simmel sobre o sensorial, as trocas de olhares (1908) ou a fisionomia (1901). "Proponho-me a analisar os diferentes fatos oriundos da constituição sensorial do homem, os modos de apercepção mútua e suas influências recíprocas na significação para a vida coletiva dos homens e suas relações uns com os outros, uns para os outros e uns contra os outros. Se nos misturamos em reciprocidades de ação, isso ocorre antes de tudo porque reagimos uns sobre os outros através dos sentidos", escreve Simmel[6]. Voltaremos a esse ponto.

Num memorável artigo de 1909 Robert Hertz aborda a questão da "preeminência da mão direita" nas sociedades humanas. No texto é vigorosamente discutido o ponto de vista anatômico que associa a preponderância da mão direita ao desenvolvimento maior, no homem, do hemisfério cerebral esquerdo que fisiologicamente transmite atividade aos músculos do lado oposto. Robert Hertz observa que o número de destros é estatisticamente infinitamente maior que o de canhotos. Em cada cem homens, dois seriam canhotos irredutíveis. Um pequeno número seria de destros contrários a qualquer tentativa de mudança de orientação. "Entre os dois extremos existe uma massa de homens que, abandonados a si mesmos, poderia servir-se de forma aproximativamente igual de qualquer uma das mãos, em geral com ligeira preferência pela direita. Assim, não se deve negar a existência de tendências orgânicas à assimetria; mas, exceto casos excepcionais, a vaga predisposição à destreza, aparentemente disseminada na espécie humana, não é suficiente para determinar a preponderância absoluta da mão direita, a menos que influências estrangeiras viessem fixá-la e reforçá-la"[7]. R. Hertz chama a atenção então para o fato de que a educação da mão esquerda, quando feita para o exercício de certas profissões (piano, violino, cirurgia, etc.), multiplica o campo de ação do homem. A ambidestria é, nesse sentido, uma vantagem social e cultural. "Nada se opõe, escreve, a que a mão esquerda receba educação artística

6 • SIMMEL, G. Essai sur la sociologie du sens. *Sociologie et épistémologie.* Paris: PUF, 1981, p. 225 [trad. fr.] .

7 • Ibid. La prééminense de la main droite – Étude sur la polarité religieuse. *Sociologie religieuse et folklore.* Paris: PUF, 1970, p. 86.

e técnica semelhante àquela cuja supremacia, até o presente, pertenceu à mão direita".

R. Hertz observa que as razões fisiológicas são secundárias em relação ao obstáculo cultural constituído pelas representações: sempre negativas quando associadas à esquerda e sempre positivas quando se trata da direita. A oposição não é somente física, mas também moral: a esquerda implica a falta de jeito, a deformação, a traição, o ridículo; a direita reivindica a destreza, a correção, a coragem, etc. A polaridade religiosa entre o sagrado e o profano aparece com toda a evidência: se a direita é uma qualidade do transcendente, a esquerda traz em si o risco da mácula. O privilégio concedido à mão direita depende antes de tudo do uso dessa estrutura antropológica fundamental que, em várias sociedades, concede predileção à direita sobre a esquerda, mesmo em se tratando do corpo humano. O fisiológico está aqui subordinado à simbólica social. R. Hertz, no entanto, não dirige seus argumentos contra a teoria darwiniana que parece desconhecer, mas, com notável intuição, propõe em seu texto uma série de constatações próprias a minimizar consideravelmente as pretensões da abordagem biológica.

Marcel Mauss traz contribuições importantes em textos como "A expressão obrigatória dos sentimentos" (1921), "O efeito físico da ideia de morte" (1926), "As técnicas do corpo" (1936). Esses textos marcam avanços significativos e são precursores de pesquisas que levarão anos para serem efetuadas antes de realmente desabrocharem. Falaremos deles mais adiante. A Escola de Chicago está atenta à corporeidade: as monografias de N. Anderson (*The Hobo*, 1923), C. Shaw (*The Jake-Roler*, 1931; *Brothers in crime*, 1938), de Whyte (*Street corner society*, 1943), L. Wirth (*The Guetto*, 1928), por exemplo, são estudos de terreno nos quais a relação física dos atores considerados com o mundo não é evitada, mas, ao contrário, possibilita anotações minuciosas. G.-H. Mead, em compensação, só faz alusão ao corpo em *Mind, self and society* (1934). Quando aborda os ritos de interação e, sobretudo, a dimensão simbólica da condição humana, transforma o corpo em organismo e quando trata da gestualidade, não o faz em termos sistemáticos como o fará David Efron, mas para lembrar que, paralelamente à palavra, os movimentos do corpo contribuem para a transmissão social do sentido. Frequentemente, em seus trabalhos, trata-se de uma sociologia da oportunidade: o corpo não é diretamente visado pela análise. Nos grupos estudados, o sociólogo encontra-se, no entanto, diante de ações rituais ou a usos que tornam necessária a descrição das operações do corpo.

Em *A civilização dos costumes (Über den Prozess der Zivilisation)*[8], cuja primeira versão data de 1939, na Alemanha, Norbert Elias oferece um ensaio clássico de sociologia histórica que atualiza a genealogia das atitudes externas do corpo, relembrando assim o caráter social e cultural de vários comportamentos desde os mais banais até os mais íntimos da vida quotidiana. Uma sociologia que não irá além da obra de Goffman, mas que lhe daria a matéria-prima necessária para desvendar o âmago da moral e do conteúdo dos ritos de interação. A sociedade da corte é o laboratório onde nascem e a partir da qual se difundem as regras de civilidade que hoje adotamos em matéria de convenções de estilo, de educação dos sentimentos, de colocação do corpo, de linguagem e, sobretudo, no que diz respeito ao *externum corporis decorum. A civilidade pueril* (1530), de Erasmo, obra dedicada ao jovem príncipe Henrique de Borgonha e destinada ao ensino do *savoir-vivre* às crianças, cristaliza para diversas sociedades europeias da época a noção fundadora de "civilidade". As regras de civilidade vão, de fato, impor-se para as camadas sociais dominantes. Como se comportar em sociedade para não ser, ou parecer, um bruto. Pouco a pouco o corpo se apaga e a civilidade, em seguida a civilização dos costumes, passa a regular os movimentos mais íntimos e os mais ínfimos da corporeidade (as maneiras à mesa, a satisfação das necessidades naturais, a flatulência, a escarrada, as relações sexuais, o pudor, as manifestações de violência, etc.). As sensibilidades modificam-se. É conveniente não ofender os outros por causa de um comportamento demasiado relaxado. As manifestações corporais são mais ou menos afastadas da cena pública, muitas delas desde então ocorrendo nos bastidores; tornam-se privadas. Obrigado a exilar-se na Inglaterra, Norbert Elias só retomará mais tarde as pesquisas.

Em 1941, David Efron publica *Gesture, race and culture*[9]. Esse trabalho marcará data nas pesquisas sobre os movimentos corporais nas interações. Para fazer oposição às teorias nazistas que enclausuravam o comportamento humano na fatalidade do perten-

---

8   • ELIAS, N. *La civilisation des mœurs*. Paris: Calmann-Lévy, 1973 (trad. fr.).

9   • EFRON, D. *Gesture, race and culture*. The Hague/Paris: Mouton, 1972.

cimento à "raça", D. Efron constrói um dispositivo experimental que visa comparar entre si a gestualidade de interação de duas populações, uma de "judeus tradicionais" e outra de "italianos tradicionais". Lista as variações de comportamentos: as gestualidades diferenciadas. Compara em seguida as duas populações de "segunda geração" das duas comunidades, educadas nos Estados Unidos. Facilmente ficam demonstradas as diferenças sensíveis entre as gestualidades das primeiras gerações de imigrantes e as de seus filhos que, mais "americanizados", aproximam-se consideravelmente dos americanos. Trataremos mais longamente deste assunto no capítulo sobre a gestualidade.

## 2. Contribuições etnológicas

Paralelamente, os etnólogos são confrontados, em outras sociedades, aos usos do corpo que chamam a atenção e provocam a crítica em relação às maneiras corporais características das sociedades ocidentais e que até então não haviam sido pesquisadas pelas ciências sociais: Maurice Leenhardt, F. Boas, B. Malinowski, G. Roheim, E. Sapir, E. De Martino, R. Bastide, F. Huxley, G. Bateson, C. Lévi-Strauss, etc., descrevem os ritualismos e os imaginários sociais que contribuem para colocar a corporeidade em condições mais favoráveis dentro do pensamento sociológico. Dessa forma, *Balinese Character* é lançado em Nova York em 1942[10]. Reunindo os dados coletados por Margaret Mead e Gregory Bateson em Bali, de 1928 a 1936, o livro mistura a análise etnográfica do povo balinês com centenas de fotografias de homens e mulheres em movimentos e interações que marcam o compasso da vida quotidiana. M. Mead e G. Bateson conhecem bem os riscos de projeções culturais inerentes ao uso de noções emprestadas da língua inglesa cujos valores e modos de vida são radicalmente diferentes daqueles observados no vilarejo de Bajoeng Gede, lugar do estudo. "Nesta monografia, escrevem, tentamos utilizar um novo método de apresentação das relações entre diferentes tipos de conduta culturalmente padronizados, colocando lado a lado uma série de fotografias mutuamente significativas. Elementos de condutas oriundas de contextos e lugares diferentes – um dançarino em transe numa possessão, um homem levantando o olhar para um avião, um serviçal saldando o mestre, a representação pictural de um sonho – podem

10 • BATESON, G. & MEAD, M. *Balinese Character: a photographic analysis*. New York: New York Academy of Science, 1942.

ter uma correlação; um mesmo fio emocional os atravessa." Uma forma de tornar isso tudo evidente com fidelidade: "Apresentar tais situações com palavras, continuam M. Mead e G. Bateson, requer que se recorra a expedientes inevitavelmente literários ou que se proceda à dissecação de cenas vivas... Graças à fotografia, a totalidade dos elementos das condutas pode ser preservada, enquanto que as correlações desejadas podem ser postas em evidência quando as fotos são colocadas numa mesma página para comparação". Cada figura impressa é introduzida por curta anotação que situa os momentos selecionados na trama cultural da vida quotidiana balinesa. A imagem acompanha com sucesso o comentário, alcançando o essencial de G. Bateson. Uma longa introdução de M. Mead esboça uma etnologia da vida balinesa que contribui para restituir as pulsações da existência coletiva. Fisionomias, gestos, rituais, situações da vida da família ou do vilarejo desfilam a cada página dando à obra excepcional valor científico e humano: aprendizado das técnicas do corpo, desenvolvimento do transe, relações pais-filhos, desenvolvimento da criança, jogos tradicionais, relações com os orifícios corporais (comer, beber, eliminar, urinar, defecar, purificar-se, etc.).

Propusemos alguns marcos da reflexão sociológica aplicada ao corpo evocando dois níveis da pesquisa: uma sociologia implícita na qual o corpo, mesmo não sendo esquecido, continua secundário na análise; em seguida, uma sociologia em pontilhado que coloca em evidência uma certa quantidade de dados importantes e faz o inventário dos usos sociais do corpo. Nos próximos capítulos nos empenharemos numa terceira etapa: a da sociologia do corpo, em vias de se constituir, forte em certas aquisições, dialogando com sua história e prevendo uma inteligibilidade crescente da corporeidade em suas dimensões sociais e culturais. Antes disso, importa determinar qual é o objeto "corpo" que nos interessa e, em seguida, quais são os procedimentos epistemológicos que convém apreender.

# Capítulo II

# Sobre algumas ambiguidades

## I - Ambiguidades do referente "corpo"

As pesquisas sociológicas privilegiaram, sobretudo, as ações do corpo. Mas o próprio referente "corpo" é pouco questionado. Uma expressão ambígua, dualista, designa algumas vezes essas abordagens: sociologia do corpo. Mas, de que "corpo" se trata? Esquecemos com frequência o quão absurdo é nomear o corpo como se fosse um fetiche, isto é, omitindo o homem que o encarna. É preciso ressaltar a ambiguidade que consiste evocar a noção de um corpo que só mantém relações implícitas, supostas, com o ator com quem faz indissoluvelmente corpo. Qualquer questionamento sobre o corpo requer antes a construção de seu objeto, a elucidação daquilo que subentende. O próprio corpo não estaria envolvido no véu das representações? O corpo não é uma natureza. Ele nem sequer existe. Nunca se viu um corpo: o que se vê são homens e mulheres. Não se vê corpos. Nessas condições o corpo corre o risco de nem mesmo ser um universal. E a sociologia não pode tomar um termo como se apresenta na doxa para fazer dele um princípio de análise sem antes apreender sua genealogia, sem elucidar os imaginários sociais que lhe dão nome e agem sobre ele, e isso não só em suas conotações (a coleta dos fatos analisados pelos sociólogos é rica nesse domínio), mas também na denotação raramente questionada. O corpo não é uma natureza incontestável objetivada imutavelmente pelo conjunto das comunidades humanas, dada imediatamente ao observador que pode fazê-la funcionar como num exercício de sociólogo. O "atalho antropológico" (G. Balandier) nos faz lembrar a existência efêmera desse objeto, aparentemente tão real, tão acessível à descrição[11].

---

11 • Michel Bernard, em trabalho que marcou época, mostrou uma outra faceta cujo objeto era "o" corpo: as diferentes ciências humanas propõem assim, olhares irredutíveis entre si. Cf. BERNARD, M. *Le corps*. Paris: Delarge, 1976.

## II - Elementos históricos

Inúmeras representações visam de fato dar carne ao homem ou dar um corpo ao homem. Alternativa que não é sem consequências e cujas armadilhas o pesquisador deve evitar:

• Dar um corpo ao homem: assim, a anatomofisiologia e o conhecimento médico no sentido amplo, separando o homem de seu corpo, encaram este como um em si. Parece que a maior parte dos sociólogos da atualidade, preocupados em compreender os usos sociais e culturais do corpo, aderem sem críticas à teorização biomédica e veem nela sua realidade objetiva.

• Ao contrário, dar carne ao homem: esses saberes não distinguem o homem e o corpo, as medicinas populares ainda hoje dão o exemplo em nossas sociedades. Medicina dos traços distintivos, na qual um elemento vegetal ou mineral pode supostamente ajudar a curar um mal, pois possui na forma, na cor, no funcionamento ou na substância, uma analogia com o órgão afetado ou as aparências da doença. Pela imposição das mãos o magnetizador transmite uma energia que regenera as zonas doentes e coloca o homem em harmonia com as emanações do meio ambiente. O radiestesista interroga o pêndulo e o faz percorrer a superfície do corpo para fazer o diagnóstico e identificar as plantas que indicará ao visitante para curá-lo. O benzedor, pela prece que murmura, acompanhada de gestos precisos, cristaliza as forças benéficas que aliviam o mal. Da mesma forma o curador, cujo poder consiste em eliminar a queimação da machucadura e curá-la sem deixar cicatrizes na pele. A lista poderia ser ampliada pela evocação das fontes, das pedras, das árvores, etc., que supõem dar aos que as solicitam uma energia propícia à cura dos males. Numerosas são ainda hoje em dia as concepções sociais que vinculam o homem ao cosmo.

Yvonne Verdier observou, em recente estudo sobre as tradições de um vilarejo da Borgonha, a fisiologia simbólica da mulher e suas relações com o meio ambiente. Durante o período menstrual, por exemplo, a mulher não desce na adega onde estão colocadas as reservas familiares: carnes salgadas, pepinos em conserva, barricas de vinho, canecas para vinho, etc. Se ela o fizesse, correria o risco de estragar irremediavelmente os alimentos tocados. Pelos mesmos motivos, o porco nunca é morto na fazenda durante esse período.

Bolos, cremes, maioneses não são preparados. "Durante sua menstruação, escreve Yvonne Verdier, não sendo férteis, as mulheres estancariam qualquer processo de transformação que lembre a fecundação: pensemos nos ovos nevados, nos cremes, nas emulsões, nos molhos, no *bacon*, em tudo o que deve "ligar". Sua presença poderia abortar todas essas lentas gestações que representam o toucinho no sal, o vinho na cuba, o mel na colmeia, etc."[12] O corpo é similar a um campo de força em ressonância com os processos de vida que o cercam.

Nas tradições populares, o corpo permanece sob a influência do universo que lhe dá energia. Ele é um condensado do cosmo. Conhecemos nesse sentido as análises de Leenhardt em *Do Kamo* que evidenciam, na cultura tradicional canaque, a similaridade de substância entre o homem e o vegetal. Várias sociedades identificam o homem e, ao mesmo tempo, sua carne. Ela o engloba igualmente numa totalidade na qual o invisível se mistura ao visível da natureza, e assim não concebem o corpo como um anexo. Não raras vezes, há ambiguidade na aplicação da noção de corpo ocidental aos grupos sociais cujas referências culturais não dão nenhum espaço ao "corpo".

As representações do corpo são representações da pessoa. Quando mostramos o que faz o homem, os limites, a relação com a natureza ou com os outros, revelamos o que faz a carne. As representações da pessoa e aquelas, corolários, do corpo estão sempre inseridas nas visões do mundo das diferentes comunidades humanas. O corpo parece explicar-se a si mesmo, mas nada é mais enganoso. O corpo é socialmente construído, tanto nas suas ações sobre a cena coletiva quanto nas teorias que explicam seu funcionamento ou nas relações que mantém com o homem que encarna. A caracterização do corpo, longe de ser unanimidade nas sociedades humanas, revela-se surpreendentemente difícil e suscita várias questões epistemológicas. O corpo é uma falsa evidência, não é um dado inequívoco, mas o efeito de uma elaboração social e cultural.

A visão moderna do corpo nas sociedades ocidentais, que de alguma forma oficial é representada pelo conhecimento biomédico, pela anatomofisiologia, repousa sobre uma concepção particular de pessoa. Foi necessário o desmantelamento dos valores me-

---

12 • VERDIER, Y. *Façons de dire, façons de faire*. Paris: Gallimard, 1979, p. 20.

dievais, as primeiras dissecações anatômicas distinguindo o homem do corpo, sendo ele próprio objeto de investigação que revela a carne na indiferença do homem cujo semblante, no entanto, ela molda. Foi necessário também o encontro com a filosofia mecanista, que encontra em Descartes seu mais sutil porta-voz, estabelecendo o corpo como outra forma mecânica. Uma nova sensibilidade individualista nascente foi necessária para que o corpo fosse visto como algo separado do mundo que o acolhe e dá significação e separado também do homem ao qual dá forma. Na maior parte das investigações, a concepção moderna do corpo é a que serviu de marco inicial para a sociologia, nascida na passagem do século XVI para o século XVII. Essa concepção implica que o homem esteja separado do cosmo (não é mais o macrocosmo que explica a carne, mas uma anatomia e uma fisiologia que só existe no corpo), separado dos outros (passagem da sociedade de tipo comunitária para a sociedade de tipo individualista onde o corpo encontra-se na fronteira da pessoa) e, finalmente, separado de si mesmo (o corpo é entendido como diferente do homem)[13].

## III - Elementos etnológicos

Em outras sociedades o corpo não é isolado do homem e está inserido numa rede complexa de correspondências entre a condição humana e a natureza ou cosmo que o cerca. Um estudo exemplar de M. Leenhardt aponta que, por exemplo, para os Canaques, no interior da sociedade comunitária, nenhum termo específico é utilizado para referir-se aos órgãos ou ao próprio corpo. O conjunto dos componentes do que chamamos "corpo" é emprestado à vegetação. Os órgãos ou os ossos, tal qual nos parece, levam nomes de frutas, árvores, etc. Não existe ruptura entre a carne do mundo e a carne do homem. O vegetal e o orgânico se encontram em tamanha correspondência que alimenta inúmeros traços da sociedade canaque. O próprio nome de "corpo" (*karo*) só designa uma estrutura, uma base que se aplica indiferentemente a outros objetos. E Leenhardt conta o "causo" ostentoso pelos questionamentos que proporciona: desejando medir o impacto dos valores ocidentais na sociedade melanésia através da visão de um autóctone, Leenhardt

---

13 • Para uma análise detalhada desse processo, cf. LE BRETON, D. *Anthropologie du corps et modernité*. Op. cit.

questiona um ancião a esse respeito. Este responde imediatamente: "O que vocês nos trouxeram é o corpo"[14].

Aliada à evangelização, a adesão de uma faixa da população canaque aos valores ocidentais conduz aqueles que ultrapassam a barreira, aqueles que aceitam desfazer-se de parte dos valores tradicionais que outrora construíam a trama de suas vidas, à individualização que reproduz, de forma atenuada, a que reina nas sociedades ocidentais. O melanésio conquistado, mesmo de maneira rudimentar, pelos novos valores, liberta-se da rede de correspondências que o ligava à comunidade. Torna-se germe de um indivíduo, isto é, um homem relativamente separado dos outros e em parte separado dos valores que o diluíam no coletivo. Evangelizado, submete a existência aos olhos de Deus e, a partir de então, as fronteiras delimitadas pelo corpo o distinguem dos companheiros. Ele se sente muito mais indivíduo que membro da comunidade, mesmo que nesse coletivo, meio híbrido, a passagem não seja feita de modo radical. A centração sobre o *eu*, resultado dessa transformação social e cultural, comprova nos fatos o que Durkheim colocava em evidência para distinguir um indivíduo do outro: "é preciso um fator de individualização, é o corpo quem faz esse papel"[15].

Para tornar evidente outras concepções da corporeidade humana, na relação com a natureza, da maneira como é percebida em diferentes sociedades, poderíamos enumerar vários trabalhos etnológicos[16]. O corpo é uma realidade mutante de uma sociedade para outra: as imagens que o definem e dão sentido à sua extensão invisível, os sistemas de conhecimento que procuram elucidar-lhe a natureza, os ritos e símbolos que o colocam socialmente em cena, as proezas que pode realizar, as resistências que oferece ao mundo, são incrivelmente variados, contraditórios até mesmo para nossa

14 • Cf. LEENHARDT, M. *Do Kamo* – La personne et le mythe dans le monde mélanésien. Paris: Gallimard, 1947.

15 • DURKHEIM, E. *Les formes élémentaires de la vie religieuse*. Paris: PUF, 1968, p. 386ss.

16 • Por exemplo, CALAME-GRIAULE, G. . *Ethnologie et langage: la parole chez les Dogon*. Paris: Gallimard, 1965. • Dieterlen, G. L'image du corps et les composantes de la personne chez les Dogon. *La notion de personne en Afrique noire*. Paris: CNRS, 1973. • THERRIEN, M. *Le corps Inuit (Québec, Arctique)*. Paris: Selaf-PUB, 1987. • BUHAN, C. *La mystique du corps*. Paris: L'Harmattan, 1986. • SHIPPER, K. *Le corps taoïste*. Paris: Fayard, 1982. • LOUX, F. *Le corps dans la société traditionnelle*. Paris: Berger-Levrault, 1979. • CLASSEN, C. *Inca cosmology and the human body*. Salt Lake City: University of Utah Press, 1993.

lógica aristotélica do terceiro excluído, segundo a qual se a coisa é comprovada, seu contrário é impossível. Assim, o corpo não é somente uma coleção de órgãos arranjados segundo leis da anatomia e da fisiologia. É, em primeiro lugar, uma estrutura simbólica, superfície de projeção passível de unir as mais variadas formas culturais. Em outras palavras, o conhecimento biomédico, conhecimento oficial nas sociedades ocidentais, é uma representação do corpo entre outras, eficaz para as práticas que sustenta. Mas tão vivas quanto aquelas e por outros motivos, são as medicinas ou as disciplinas que repousam em outras visões do homem, do corpo e dos sofrimentos. Assim a ioga, em diferentes versões, propõe uma representação do corpo e das realizações pessoais muito afastadas das concepções ocidentais. A medicina chinesa baseada numa certa imagem da energia (o *ki*) e o magnetismo herdado das medicinas populares são exemplos simples e muito enraizados nas sociedades ocidentais. Esses exemplos poderiam ser seguidos pela enumeração infinita das representações em uso nas sociedades humanas e ainda observáveis ou as que outrora existiram. Conforme os espaços culturais, o homem pode ser criatura de carne e osso comandado por leis anatomofisiológicas; ou rede entrelaçada de formas vegetais como na cultura canaque; ou rede de energia como na medicina chinesa, que une o homem ao universo que o cerca como se fosse um microcosmo; ou animal que carrega em si todos os perigos da selva; ou parcela do cosmo em estreita ligação com os eflúvios do meio ambiente; ou domínio predileto para a estada dos espíritos...

Muitas são sociedades, muitas também são as diferentes representações e ações que se apoiam sobre seus conhecimentos. Além disso, as próprias sociedades ocidentais são confrontadas a incontáveis modelos do corpo: os utilizados pelas medicinas "paralelas", ou os utilizados pelas medicinas populares que ressurgem num contexto social e cultural modificado, introdução confusa de modelos energéticos na medicina, a extraordinária divisão do campo das psicoterapias que repousam sobre modelos do homem e do corpo extremamente contraditórias de um extremo ao outro. Em nossas sociedades, nenhuma das representações do corpo faz a unanimidade, nem mesmo o modelo anatomofisiológico.

Diante desse quadro heterogêneo, a tarefa da antropologia ou da sociologia é compreender a corporeidade enquanto estrutura simbólica e, assim, destacar as representações, os imaginários, os desempenhos, os limites que aparecem como infinitamente variáveis conforme as sociedades.

## IV - Corpo, elemento do imaginário social

A designação do corpo, quando é possível, traduz de imediato um fato do imaginário social. De uma sociedade para outra, a caracterização da relação do homem com o corpo e a definição dos constituintes da carne do indivíduo são dados culturais cuja variabilidade é infinita. Um objeto efêmero e inacessível é esboçado, mas perde a evidência primeira que poderia ter aos olhos do observador ocidental. A "identificação" do corpo como fragmento, de certa forma, autônomo do homem, pressupõe uma distinção estranha para numerosas sociedades. Nas sociedades tradicionais, de dominante comunitária, na qual o estatuto da pessoa subordina-se ao coletivo, misturando-a ao grupo e negando a dimensão individual que é própria das nossas sociedades, o corpo raramente é objeto de cisão. O homem e o corpo são indissociáveis e, nas representações coletivas, os componentes da carne são misturados ao cosmo, à natureza, aos outros. A imagem do corpo é aqui a imagem em si, alimentada pelas matérias simbólicas que mantêm sua existência em outros lugares e que cruzam o homem através de uma fina trama de correspondências. O corpo não se distingue da persona e as mesmas matérias-primas entram na composição do homem e da natureza que o cerca. Nessas concepções da pessoa, o homem não é separado do corpo, como normalmente considera o senso comum ocidental. Em sociedades que permanecem relativamente tradicionais e comunitárias, o "corpo" é o elemento de ligação da energia coletiva e, através dele, cada homem é incluído no seio do grupo. Ao contrário, em sociedades individualistas, o corpo é o elemento que interrompe, o elemento que marca os limites da pessoa, isto é, lá onde começa e acaba a presença do indivíduo.

O corpo como elemento isolável da pessoa a quem dá fisionomia só é possível em estruturas societárias de tipo individualista, nas quais os atores estão separados uns dos outros, relativamente autônomos com relação aos valores e iniciativas próprias. O corpo funciona como se fosse uma fronteira viva para delimitar, em relação aos outros, a soberania da pessoa. Ao contrário, nas sociedades tradicionais e comunitárias, onde a existência de cada um flui na presteza ao grupo, ao cosmo, à natureza, o corpo não existe como elemento de individuação, como categoria mental que permite pensar culturalmente a diferença de um ator para outro, porque ninguém se distingue do grupo, cada um representando somente a singularidade na unidade diferencial do grupo. O isolamento do corpo nas sociedades ocidentais (eco longínquo das primeiras dissecações e do desenvolvimento da filosofia mecanista) comprova a existência de uma trama social na qual o homem é separado do cosmo, separado dos outros, separado de si mesmo. Em outras palavras, o corpo da modernidade, aquele no qual são aplicados os métodos da sociologia, é o resultado do recuo das tradições populares e o advento do individualismo ocidental e traduz o aprisionamento do homem sobre si mesmo[17].

No fundamento de qualquer prática social, como mediador privilegiado e pivô da presença humana, o corpo está no cruzamento de todas as instâncias da cultura, o ponto de atribuição por excelência do campo simbólico. Um observatório de alta fidelidade para os técnicos das ciências sociais. Mas, primeiramente é importante saber de que corpo se trata. Uma das primeiras preocupações do sociólogo consiste em identificar a "natureza" do corpo cujas lógicas sociais e culturais pretende questionar.

---

[17] • Cf. LE BRETON, D. Op. cit., caps. 1 a 3.

# Capítulo III

# Dados epistemológicos

## I - A tarefa

### 1. Definir o corpo que nos interessa

A primeira tarefa do sociólogo ou do antropólogo consiste em libertar-se do contencioso que faz do corpo um atributo da pessoa, um possuir, e não o lugar e o tempo indistinguível da identidade. Também é preciso lembrar do caráter construído da pretensa "realidade objetiva" do corpo e as múltiplas significações que a ela se vinculam. O significante "corpo" é uma ficção; mas, ficção culturalmente eficiente e viva (se ela não estiver dissociada do ator e assim se este for visto como corporeidade da mesma forma que a comunidade de sentido e valor que planejou o lugar, os constituintes, os desempenhos, os imaginários, de maneira mutante e contraditória de um lugar e tempo para outro das sociedades humanas.

A construção social e cultural do corpo não se completa somente em jusante, mas também em montante; toca a corporeidade não só na soma das relações com o mundo, mas também na determinação de sua natureza. "O corpo" desaparece total e permanentemente na rede da simbólica social que o define e determina o conjunto das designações usuais nas diferentes situações da vida pessoal e coletiva. O corpo não existe em estado natural, sempre está compreendido na trama social de sentidos, mesmo em suas manifestações aparentes de insurreição, quando provisoriamente uma ruptura se instala na transparência da relação física com o mundo do ator (dor, doença, comportamento não habitual, etc.). Especialistas do sentido oculto das coisas (médicos, curandeiros, psicólogos, pajés, tiradores de sorte, etc.) interferem para dar nome ao mistério, explicar sua gênese, (re)inserir no interior da comunidade o homem e a doença que o atinge. Indicam a via a seguir para facilitar a resolução do problema. Se a primeira tentativa não dá resultado, outras podem ser feitas e novos especialistas solicitados; nossas sociedades são exemplos formidáveis desse procedimento. Sempre resta o imaginário social para retomar aquilo que escapa provisoriamente ao controle social. O fato de o corpo constituir uma construção simbólica esclarece, por outro lado, os mecanismos da eficácia simbólica, sem necessariamente recorrer ao dualismo psique-soma, como fez Lévi-Strauss em artigo clássico sobre o assunto[18].

A sociologia, cujas pesquisas têm no corpo seu fio condutor, não deve nunca esquecer da ambiguidade e da efemeridade de seu objeto, a qualidade que possui de incentivar questionamentos muito mais que de constituir fonte de certezas. Sempre relacionado com o ator para não ceder ao dualismo que invalidaria a análise, o significante "corpo" funciona, para a sociologia, como um mito no sentido de G. Sorel: ele cristaliza o imaginário social, provoca as práticas e as análises que continuam a explicar sua legitimidade, a provar de maneira incontestável sua realidade. Mas o sociólogo não esquece que ele próprio vive num mundo de categorias mentais inseridas na trama da história social, e, de modo geral, na trama da história das ciências. De modo mais específico, o qualificativo "corpo" que limita o campo dessa sociologia é uma "forma simples" no sentido de André Jolles: "Todas as vezes que uma atividade do espírito conduz a multiplicidade e a diversidade do ser e dos acontecimentos a cristalizar-se para adquirir uma certa forma, todas as vezes que essa diversidade, percebida pela língua em seus elementos primeiros e indivisíveis e transformada em produção da linguagem, puder ao mesmo tempo querer dizer e significar o ser e o acontecimento, diremos que ocorre o nascimento de uma forma simples"[19] cujas atualizações sociais e culturais é preciso conhecer. O "corpo" é uma linha de pesquisa e não uma realidade em si. É preciso então marcar o distanciamento da sociologia de Durkheim, segundo a qual o corpo é estritamente redutível ao biológico. O conhecimento biomédico representa uma espécie de verdade universal do corpo que uma parte das sociedades humanas não conseguiu adquirir, como os numerosos curandeiros de nossas tradições rurais. Etnocentrismo elementar ao qual cedem, no entanto, numerosos pesquisadores. O corpo é também uma construção simbólica. A realidade de suas definições pelas sociedades humanas é objeto de uma primeira constatação.

18 • LÉVI-STRAUSS, C. L'efficacité symbolique. *Anthropologie Structurale II*. Paris: Plon, 1958.

19 • JOLLES, A. *Formes simples*. Paris: Seuil, 1972, p. 42 [trad. fr.].

## 2. Independência do discurso sociológico

Uma vez estabelecido o caráter "ficcional" do corpo e, de alguma forma, dadas as indicações da linha a seguir no campo da análise, pode-se vislumbrar a extensão possível de sua fecundidade para as ciências sociais. Lembrando-se sempre, para não cair no dualismo que desqualificaria a análise, que o corpo é aqui o lugar e o tempo no qual o mundo se torna homem, imerso na singularidade de sua história pessoal, numa espécie de húmus social e cultural de onde retira a simbólica da relação com os outros e com o mundo[20]. O discurso sociológico não isola o corpo humano como fazem, de modo meio surrealista, as "terapias corporais" (grito primordial, bioenergia, Gestalt-terapia, etc.) que parecem colocar o ator entre parênteses e fazer de seu corpo uma quase pessoa.

A medicina e a biologia também propõem um discurso sobre o corpo aparentemente irrefutável, culturalmente legítimo. Mas, tanto uma quanto a outra compartilham um conhecimento de outra categoria. Detêm, de certa forma, um conhecimento "oficial", ensinado na universidade, isso quer dizer que visam à universalidade e sustentam as práticas legítimas das instituições médicas ou de pesquisa. No entanto, esse monopólio da "verdade" é disputado pelas medicinas que repousam sobre as tradições populares, variáveis conforme as culturas, ou sobre outras tradições do conhecimento (acupuntura, homeopatia, quiropraxia, medicina ayuvédica, etc.) que por sua vez se apoiam em outras representações do corpo humano. O sociólogo não pode então tomar partido nesses conflitos de legitimidade ou nessas coexistências paradoxais que lembram justamente o caráter sempre social e cultural das obras humanas; antes de tudo, tem como tarefa tornar perceptíveis os imaginários do corpo presentes na medicina moderna ou nas outras medicinas; assim como apreender os procedimentos variados usados nas curas e compreender as virtudes apregoadas.

A sociologia aplicada ao corpo distancia-se das asserções médicas que desprezam as dimensões pessoal, social e cultural nas percepções do corpo. Tudo se passa como se a representação anatomofisiológica tivesse que escapar da história para entregar-se ao absoluto.

---

[20] • Cf. LE BRETON, D. *Anthropologie du corps et modernité.* Op. cit.

Mesmo estudando a sociedade na qual está inserido, a tarefa do sociólogo é descobrir as raízes sociais e culturais que pesam sobre a condição humana. O cultural não é monopólio discutível dos Inuit ou dos Dogon, não é privilégio das tradições rurais de Bocage, mas está também no coração do pensamento médico e das práticas ou das instituições que por ele são geradas. A sociologia não deve se deixar intimidar pela medicina que pretende dizer a verdade sobre o corpo ou sobre a doença, ou diante da biologia frequentemente inclinada a encontrar na raiz genética a causa dos comportamentos do homem. A esse respeito conhecem-se as pretensões da sociobiologia visando subordinar o social ao patrimônio genético.

## II - Ambiguidades a esclarecer

Duas ambiguidades pesam sobre a sociologia que procura produzir um entendimento sobre o corpo:

a) A variabilidade de uma cultura e de um grupo para outro, a influência na história, mas sobretudo a não caracterização como tal em numerosas comunidades humanas.

b) Os perigos de um impensável dualismo inerente ao uso despreocupado do significante corpo que pressupõe o ator em vez de confundir-se com ele. O corpo é, antes de tudo, um termo da *doxa* e o uso desse significante, dentro do pensamento sociológico, deve ser esclarecido de antemão através de uma "história do presente", uma genealogia do imaginário social que a produziu. É preciso afastar o risco da fragmentação da identidade humana entre o homem de um lado e esse belo objeto que seria o corpo. Desconfiemos, ademais, da réplica dos que proporão uma sociologia da alma. Em outras palavras, a sociologia do corpo é aquela das modalidades físicas da relação do ator com o mundo.

## III - Uma sociologia do corpo?

Delineados os obstáculos, uma sociologia relacionada ao corpo reúne as condições de seu exercício: uma constelação de fatos sociais e culturais está organizada ao redor do significante corpo. Esses fatos formam um campo social coerente, com lógicas discerníveis; formam um observatório privilegiado dos imaginários sociais e das práticas que suscita. Há uma pertinência heurística que a faz funcionar, como comprovam os vários trabalhos realizados.

Como vimos, o corpo é um objeto de questionamento muito disperso na sociologia. Três caminhos de pesquisa são admitidos até o presente:

a) Uma "sociologia do contraponto" (J.-M. Berthelot) que deixa de lado as vias normalmente privilegiadas na apreensão do social (instituições, classes, grupos) e se prende ao corpo "não para diluí-lo ou dispersá-lo, mas para colocar em evidência planos privilegiados de projeção"[21]. O corpo funciona aqui como se fosse uma espécie de analisador, como pode também ser a vida quotidiana, a morte, a sedução, etc., e propõe um ponto de vista sutil e original através do qual as ondulações da vida social podem ser registradas com relevância.

b) Uma "sociologia do a propósito", por assim dizer. Compreenda-se, com isso, uma sociologia cujo caminho é cruzado incidentalmente por alguns traços relativos à corporeidade sem que estes se revelem determinantes na construção mais global da pesquisa (por exemplo, a sociologia do trabalho pode deter-se um pouco nos tipos de técnicas do corpo associadas ao exercício de uma profissão ou na relação física do homem com a máquina, mas ela não é elaborada por esse ponto de vista).

c) Uma "sociologia do corpo", lúcida em relação às ameaças que pesam sobre ela, mas que ao afastá-las descobre um continente a ser pesquisado, quase inexplorado, onde a inteligência e a imaginação sociológica do pesquisador podem se desenvolver. Essa via central da pesquisa pode, por outro lado, alimentar-se avidamente das análises levadas a cabo em outros lugares e para outras finalidades.

## IV - Os riscos

Uma grande dificuldade apresentada pela sociologia do corpo consiste na contiguidade com outras sociologias aplicadas à saúde, à doença, à interação, à alimentação, à sexualidade, às atividades físicas e esportivas, etc. O risco é a diluição do objeto, insuficientemente definido pelo pesquisador que, querendo tudo abarcar, acaba perdendo o ambicionado objetivo. Afastado o risco, controlado

---

21 • Berthelot, J.-M. Corps et société (problèmes méthodologiques posés par une approche sociologique du corps). *Cahiers Internationaux de Sociologie*, vol. LXXIV, 1983, p. 119-131.

pelo rigor das ferramentas empregadas, pode-se afirmar então a pertinência possível da confrontação com as diferentes abordagens sociológicas. Cada uma delas propõe aos parceiros um ponto de vista e sugere uma abordagem original cuja conjugação pode levar à melhor compreensão do objeto. Análises diferentes não são necessariamente exclusivas, podendo acrescentar, cada uma em seu patamar, pontos de pertinência inéditos. A história das ciências expõe a fertilidade do deslocamento das questões, da apreensão inédita de um objeto que escapa à rotina dos hábitos do pensamento. A sociologia do corpo pode esclarecer assim, sob outro ângulo, alguns modos de enfocar os diferentes objetos, da mesma forma que outras abordagens podem também se enriquecer com suas pesquisas.

Outro risco é inerente à pluridisciplinaridade frequentemente imposta quando do estudo do corpo: psicanálise, fenomenologia, etnologia, história, economia, por exemplo, são disciplinas que o sociólogo cruza em seu caminho e cujos dados utiliza. De modo geral, pode-se dizer com Jean-Michel Berthelot que "o corpo surge, no discurso sociológico, no espigão e na linha da tensão que separa a vertente ciência social da vertente ciência humana"[22]. São várias as precauções a serem tomadas: os conceitos não podem, sem perda ou risco de incoerência ou de colagem, passar de uma disciplina para outra sem o tratamento apropriado. Os procedimentos de análise não são os mesmos conforme as disciplinas, nem os métodos para a coleta de dados. Sem controle rigoroso, a análise pode parecer uma colcha de retalhos, uma colagem teórica que perde a pertinência epistemológica. "Uma vez definidos os diferentes comportamentos corporais simbólicos ou práticos sociologicamente pertinentes, escreve com razão Luc Boltanski, pode-se então, sem correr o risco de ver o objeto escolhido se esvair, isto é, vê-lo se esticar ao infinito, ou, o que dá no mesmo, dissolver-se na poeira das disciplinas que pretendem encontrar a verdade sobre ele, interpelar as outras ciências do corpo e reutilizar seus resultados substituindo as questões, em função das quais foram explicitamente gerados, por questões implícitas às quais podem responder e com a única condição que sejam explícita e sistematicamente colocadas"[23].

---

[22] • BERTHELOT, J-M. *et al. Les sociologies et le corps*. Op. cit., p. 131.

[23] • BOLTANSKI, L. Les usages sociaux du corps. *Annales*, n. 1, 1974, p. 208.

Lembremo-nos enfim de uma evidência: falar de sociologia do corpo é uma maneira cômoda de falar de sociologia aplicada ao corpo; esta não é uma dissidência epistemológica oferecendo a especificidade do campo de estudos e dos métodos. A reflexão sociológica sobre o corpo é tributária da epistemologia e da metodologia inerentes à disciplina. Se os conceitos exigem uma modulação particular, pois o corpo não é pensado como, por exemplo, o Estado ou a família, o mesmo campo epistemológico é solicitado com suas maneiras de fazer e de pensar e suas precauções usuais. A sociologia do corpo é um capítulo entre muitos outros que a sociologia comporta.

# Capítulo IV

## Campos de pesquisas 1: Lógicas sociais e culturais do corpo

Considerando os limites de tal proposta, podemos esboçar então algumas orientações de pesquisas relacionadas à corporeidade, partindo, se possível, de textos fundadores da matéria e alargando progressivamente para uma espécie de balanço provisório dos trabalhos efetuados. Alguns campos foram assim desbravados: as técnicas do corpo, a expressão dos sentimentos, a gestualidade, as regras de etiqueta, as técnicas de tratamento, as percepções sensoriais, as marcas na pele ou na própria carne, a má conduta corporal. Sem dúvida estamos na presença de uma zona específica da sociologia do corpo. A corporeidade está no centro dessas temáticas e não serve de pretexto para a análise que ambicione outra coisa.

### I - As técnicas do corpo

Em 1934, diante da Sociedade de Psicologia, M. Mauss adianta uma noção destinada a prosperar: as técnicas do corpo[24]. Gestos codificados em vista de uma eficácia prática ou simbólica. Trata-se de modalidades de ação, de sequências de gestos, de sincronias musculares que se sucedem na busca de uma finalidade precisa. Evocando lembranças pessoais, Mauss lembra a variação de tipos de nado de uma geração para a outra em nossas sociedades, e mais geralmente de uma cultura para outra. Da mesma forma ocorre com a marcha, a corrida, as posições das mãos em repouso, a utilização da enxada ou os métodos de caça. Mauss observa que a tecnicidade não é monopólio único da relação do homem com a ferramenta, antes disso há, de certa forma, outro instrumento fundador: "O corpo é o primeiro e o mais natural instrumento do homem". Modelado conforme os hábitos culturais, ele produz eficácias práticas. "Cha-

---

24 • MAUSS, M. Les techniques du corps. *Sociologie et anthropologie*. Paris: PUF, 1950, p. 363-386.

mo técnica uma ação tradicional eficaz (e vemos que nisso não difere do ato mágico, religioso, simbólico)", acrescenta Mauss.

A seguir, Mauss propõe uma classificação das técnicas do corpo segundo diferentes perspectivas:

• Conforme o sexo: de fato, as definições sociais de homem e mulher implicam frequentemente um conjunto de gestos codificados de diferentes maneiras.

• Conforme a idade: as técnicas próprias à obstetrícia e aos gestos do nascimento; as técnicas da infância, da adolescência, da idade adulta (Mauss evoca principalmente as técnicas do sono, do repouso, da atividade – caminhada, corrida, dança, salto, nado, subida, descida, movimentos de força); técnicas dos cuidados com o corpo (toalete, higiene); técnicas de consumo (comer, beber); técnicas de reprodução (Mauss introduz de fato a sexualidade nas técnicas do corpo e lembra a variabilidade de posições sexuais); os tratamentos do corpo (massagens).

• Conforme o rendimento: Mauss pensa aqui na relação com a destreza, com a habilidade.

• Conforme as formas de transmissão: através de quais modalidades e em que ritmo as novas gerações as adquirem?

Mauss conclui a exposição lembrando a existência de técnicas do corpo inseridas em religiões como o ioga ou a técnica do sopro no taoísmo[25]. Podemos discutir sobre a pertinência ou não dessa classificação ou salientar as omissões, mas Mauss não desejava lançar um projeto de pesquisa preciso e exaustivo. Como um farol, lançava luz sobre a validade heurística de um conceito; evocando uma série de anotações pessoais, convidava os pesquisadores a exercer a imaginação sociológica sobre o sujeito.

Na "Introduction à l'oeuvre de Marcel Mauss"[26], lançada em 1950, C. Lévi-Strauss salienta a importância desse trabalho de recenseamento das técnicas tradicionais do corpo, numa época em que o desenvolvimento das técnicas ocidentais eliminava todo o patrimônio de gestos das profissões ou da vida quotidiana. C.

---

25 • Cf. os trabalhos de GRANET, M. *Études sociologiques sur la Chine*. Paris: PUF, 1953, ou de MASPERO, M. Les procédés de "nourir le souffle vital". *Le taoisme et les religions chinoises*. Paris: Gallimard, 1971.

26 • Introduction à l'oeuvre de Marcel Mauss. *Sociologie et anthropologie*. Op. cit.

Lévi-Strauss propõe então a construção de "arquivos internacionais das técnicas corporais", que consistia no maior inventário possível dos repertórios físicos dos grupos humanos. Salienta os desafios éticos de tal empreitada "eminentemente apta a contrariar os preconceitos de raça, já que, face às concepções racistas que querem ver o homem como produto de seu corpo, ficaria demonstrado ao contrário que, sempre e em todo lugar, o homem soube fazer do corpo um produto de suas técnicas e representações". Para ele, esses arquivos fervilhariam de "informações de valor inimaginável sobre as migrações, os contatos culturais ou os empréstimos que se situam num passado remoto e que os gestos, aparentemente insignificantes, transmitidos de geração em geração e protegidos pela própria insignificância, seriam provas melhores que as escavações arqueológicas ou os monumentos figurativos".

Esse projeto será retomado na França no contexto da revista *Geste et Image* por Bernard Koechlin, que coloca para si a questão sobre a noção simbólica das séries gestuais[27]. De fato, a descrição minuciosa dos gestos não é fácil de ser apreendida na trama das palavras. A imagem, através do cinema, do vídeo, da fotografia ou do desenho apresenta paliativos a essa insuficiência como percebemos quando evocamos o trabalho de G. Bateson e M. Mead em Bali. Mas a possibilidade de comparações interculturais das técnicas do corpo exigem critérios de anotação mais precisos, a invenção de um código de transcrição como na fonética. Resta saber se tal elaboração é possível, se ela não se dissolve na dimensão simbólica do gesto.

Gordon Hewes, por sua vez, estudou formas particulares de técnicas do corpo, como o fato de estar sentado ou se manter em pé. Ele aponta no desenvolvimento das posturas, por um lado, a interação do fisiológico e do anatômico e, por outro lado, o cultural. O conjunto das evoluções pode ser estimado a milhares de combinações. Com a ajuda de centenas de desenhos esquemáticos Hewes aponta, por exemplo, diferentes maneiras de utilizar os membros do corpo de acordo com o modo de permanecer em pé, sentado, de joelhos, de posicionar as mãos e os braços, etc., e propõe um quadro da distribuição diferenciada dessas posturas pelo mundo. Sugere

---

27 • KOECHLIN, B. Techniques corporelles et leur notation simbolique. *Langages*, n. 10, 1968, p. 36-47. L'ethno-technologie: une méthode d'approche des gestes de travail des sociétés humaines. *Geste et image*, número especial, 1982, p. 13-38. PELOSSE, J.-L. Contribution à l'étude des usages corporels traditionnels. *Revue Internationale d'Ethno-psychologie Normale et Pathologique*, vol. I, n. 2, p. 3-26.

cinco níveis de análise ao pesquisador interessado por esse tema de estudo muitas vezes negligenciado: a relação das posturas com as máquinas, com os diferentes instrumentos da vida diária ou profissional; a relação das posturas com os dados do meio humano (ecológico, cultural, social, etc.), seus aspectos psicológicos ou psiquiátricos; o nível sócio-histórico dessas posturas; também constitui um amplo campo de estudos a difusão pelas áreas geográficas quando culturas diferentes entram em contato. G. Hewes propõe finalmente um quinto nível de análise que se preocupa com os aspectos filogenéticos que caracterizam as posturas[28].

Um campo específico das técnicas do corpo é o privilégio dos especialistas do espetáculo, ourives na matéria, que cultivam sua virtuosidade nos circos: malabaristas, equilibristas, contorcionistas, acrobatas, etc. Da mesma forma as performances realizadas pelos artistas de rua: cuspidores de fogo, engolidores de espadas, faquires, etc. Sua habilidade preenche uma função imaginária importante para um auditório fascinado.

As atividades físicas e esportivas representam outro caminho que evidencia as técnicas do corpo. Vários pesquisadores empenharam-se na tarefa de descrevê-las numa perspectiva histórica ou comparativa: G. Bruant, A. Rauch, J. Defrance, P. Arnaud, J. Thibault, etc. G. Vigarello, por exemplo, estuda a interação dos movimentos do corpo e dos aparelhos nos quais se apoiam diferentes práticas esportivas e aponta a transformação desses aparelhos com o repentino aparecimento de novas habilidades[29]. O salto em altura, o salto em distância, o lançamento de peso, as corridas a pé, etc. são disciplinas que melhoraram as performances ao mesmo tempo em que se modificaram os tecnicismos corporais.

Outro domínio das técnicas do corpo é formado pelos conhecimentos práticos do artesão, do camponês, do técnico, do artista, etc. Esse conhecimento é o resultado da competência profissional fundada num conjunto de gestos de base e num grande número de movimentos coordenados nos quais o homem de profissão cristalizou, com o passar dos anos, sua experiência peculiar. Em 1979, François Loux tornou disponível um estudo de referência

---

28 • HEWES, G. World distribution of certain postural habits. *American Anthropologist*, n. 57, 1955.

29 • VIGARELLO, G. *Une histoire culturelle du sport: techniques d'hier et d'aujourd' hui*. Paris: Revue EPS/Laffont, 1988. • *Passion Sport*. Paris: Textuel, 2000.

sobre as técnicas do corpo com base em vários estudos de campo, mas também sobre uma iconografia variada[30].

A aquisição das técnicas do corpo pelos atores depende de uma educação quase sempre muito formalizada, intencionalmente produzida pelo entorno da criança (ou do adulto que procura fazer um outro uso das coisas do mundo). Nessa educação, a parte do mimetismo tem uma influência que não pode ser negligenciada. Cada aquisição aparece como o produto de um aprendizado específico ligado a diferentes dados (um período preciso da vida do ator, a idade, o sexo, o *status* social, a profissão, etc.). As técnicas do corpo e os estilos de sua produção não são os mesmos de uma classe social para outra, algumas vezes, até as classes de idade introduzem variações. As técnicas do corpo são inúmeras: das montagens-miniatura de gestos – cuja aparente simplicidade frequentemente dissimula o tempo e as dificuldades que são necessárias para assimilá-las – até as disposições coordenadas de ações e de habilidades – cuja execução exige longa ascese e particular destreza. A lista é infinita: dos modos à mesa até às condutas de micção; da maneira de nadar à de dar à luz; do lançamento do martelo ao lançamento do bumerangue; dos gestos da lavagem da roupa até aos do tricotar; da destreza do malabarista à condução do automóvel; da maneira de andar à posição no sono; as técnicas da caça ou da pesca, etc. Uma técnica corporal atinge seu melhor nível quando se torna uma somatória de reflexos e se impõe imediatamente ao ator sem esforço de adaptação ou de preparação de sua parte.

Na sequência dos trabalhos de Mauss, às técnicas do corpo será necessário integrar também a sexualidade. As posições dos amantes mudam de fato de uma sociedade para outra, algumas delas são até mesmo codificadas nas *ars amandi*. Assim também variam a duração das trocas, a possibilidade de escolha de parceiros, etc.

Da mesma forma, sem dúvida, é conveniente incluir aqui certas pesquisas sobre o transe e a possessão, mesmo sendo as técnicas corporais somente as auxiliares da dimensão cultural infinitamente mais vasta[31].

30 • LOUX, F. *Le corps dans la société traditionnelle*. Paris: Berger-Levrault, 1979.

31 • Cf. os estudos de ROUGET, G. *La musique et la transe*. Paris: Gallimard, 1980. • BASTIDE, R. *Le rêve, la transe, la folie*. Paris: Flammarion, 1972. • *Le candomblé de Bahia*. Paris/The Hague: Mouton, 1958. ELIADE, M. *Le chamanisme ou les techniques archaïques de l'extase*. Paris: Payot, 1951. • Rossi, I. *Corps et chamanisme*. Paris: Armand Colin, 1997. • PERRIN, M. *Les practiciens du rêve*. Paris: PUF, 1992.

Françoise Loux notou o valor etnográfico dos desenhos ou das telas de J.-F. Millet que captava de imediato as atitudes e gestos do trabalho dos camponeses. Essas pinturas são hoje documentos para a história. As técnicas do corpo desaparecem frequentemente com as condições sociais e culturais que as viram nascer. A memória de uma comunidade humana não reside somente nas tradições orais e escritas, ela se constrói também na esfera dos gestos eficazes.

O estudo sociológico das técnicas do corpo é uma via proveitosa com a condição de esclarecer, para não cair num dualismo elementar, que mesmo sendo o corpo uma ferramenta, ele continua sendo o "fato do homem" e depende então da dimensão simbólica. O corpo não é nunca um simples objeto técnico (nem mesmo o objeto técnico). Além disso, a utilização de certos segmentos corporais como ferramenta não torna o homem um instrumento. Os gestos que executa, até os mais elaborados tecnicamente, incluem significação e valor.

## II - A gestualidade

A gestualidade refere-se às ações do corpo quando os atores se encontram: ritual de saudação ou de despedida (sinal de mão, aceno de cabeça, aperto de mão, abraços, beijos no rosto, na boca, mímicas, etc.), maneiras de consentir ou de negar, movimentos da face e do corpo que acompanham a emissão da palavra, direcionamento do olhar, variação da distância que separa os atores, maneiras de tocar ou de evitar o contato, etc. Um trabalho de Davis Efron, lançado em 1941 nos Estados Unidos[32], marcou a abordagem sociológica ou antropológica da gestualidade. Para opor-se às teses nazistas que naturalizavam a noção de raça com o intuito de demonstrar a superioridade ariana, até mesmo no campo elementar dos gestos (sobriedade, rigor, etc.), e estigmatizar as populações judias e mediterrâneas (afetação, infantilismo, gesticulação, etc.), D. Efron pensou colocar-se no campo científico e estudar comparativamente os gestos utilizados entre os imigrantes judeus originários da Europa do Leste e os imigrantes originários do sul da Itália. A determinação das diferenças culturais pela maneira de usar o corpo é estabelecida segundo três coordenadas: a dimensão espaçotemporal (amplitude dos gestos, forma, plano de desenvolvi-

---

[32] • EFRON, D. *Gesture, race and culture*. The Hague/Paris: Mouton, 1972.

senvolvimento, membros utilizados, ritmo), a dimensão interativa (tipo de interação com o interlocutor, com o espaço ou com os objetos que fazem parte dele) e a dimensão linguística (gestos cuja significação é independente dos propósitos tidos ou ao contrário que os desdobra). A metodologia é rica e implica simultaneamente a observação direta dos atores, o recurso a inúmeros croquis apreendidos no momento que ocorrem, a análise detalhada de vários gestos, sua frequência, etc. D. Efron utiliza igualmente uma câmera que, em seguida, permite que observadores estranhos a seu trabalho possam analisar as tomadas.

A pesquisa refere-se a uma população bastante grande de judeus "tradicionais" (850 sujeitos) e de italianos "tradicionais" (700 sujeitos). D. Efron não tem dificuldades para demonstrar as diferenças que marcam a gestualidade dessas duas populações, testemunhos da primeira geração de imigrantes. Astuciosamente utilizando a mesma metodologia, observa em seguida uma população "americanizada" de imigrantes de origem judia (600 sujeitos) e italiana (400 sujeitos) de segunda geração. D. Efron constata então que a gestualidade característica dos Judeus "tradicionais" e dos judeus "americanizados" diferem entre si, o mesmo ocorre para os italianos "tradicionais" e os italianos "americanizados". Inversamente, a gestualidade das duas populações "assimiladas" de segunda geração teve uma forte tendência a assemelhar-se à dos americanos. Condições diferentes de socialização modificaram profundamente, passado o tempo de uma geração, as culturas gestuais originais desses grupos sociais. O trabalho de D. Efron demonstra a ficção representada pela noção de raça utilizada pelos nazistas cujo caráter metafísico e arbitrário facilmente é desmentido. Em contraposição às teses genéticas ou raciais, demonstra que a gestualidade humana é um fato de sociedade e de cultura e não de natureza congênita ou biológica destinada a se impor aos atores. O nazismo ofereceu ao imaginário racista um terrível poder material que D. Efron, em 1941, sequer imagina a amplitude, não obstante a necessidade que sente de desarmar as pretensões dessas ideias. Os nazistas desejam fazer dos comportamentos humanos o mais puro produto dos genes, quando a sociologia mostra de maneira evidente que o homem é socialmente criador dos movimentos do corpo. O trabalho de D. Efron continua atual para as nossas sociedades nas quais o imaginário da hereditariedade e da raça continua a manter forte presença.

Em trabalho posterior, R. Birdwhistell mantendo um rigor bem menor devido, sem dúvida, à convicção de afiliar as sequências gestuais a um modelo linguístico, voltou a atenção para a gestualidade humana fazendo-se o promotor da cinésica (estudo dos movimentos do corpo quando ocorre a interação). Na mesma linha traçada por D. Efron, R. Birdwhistell demonstra que cada língua induz uma gestualidade própria. Observa assim, nos índios Kutenai do Canadá, as modificações gestuais que, num mesmo indivíduo, acompanham a passagem da língua materna para o inglês. Ao elaborar a cinésica, Birdwhistell partiu da hipótese que gestos recorrentes que participam da interação distribuem-se de maneira sistemática. O estudo deles podendo assim depender, segundo ele, de uma subdivisão da linguística estrutural. Escreve: "Quando nossa pesquisa coletiva aborda o estudo das cenas de interação, torna-se evidente que uma série de movimentos, antes associados a artifícios do esforço de locução, apresentam características de ordem, de regularidade, de previsibilidade. Foi possível então isolar, do fluxo de gestos e movimentos corporais no qual estavam inseridos, movimentos de cabeça, verticais e laterais, piscadas de olho, leves movimentos do queixo e dos lábios, variações da posição dos ombros e do tórax, certa atividade das mãos, dos braços e dos dedos, enfim, movimentos verticais das pernas e dos pés"[33]. O uso da língua no ato da fala e o uso do corpo na interação revelariam os mesmos princípios de funcionamento.

Apoiando-se na linguística, Birdwhistell distingue, no fluxo incessante de gestos, os kinemas (análogos aos fonemas, isto é, as menores unidades de movimento, ainda não associadas a um significado) e os kinemorfemas (menores unidades de significação)[34]. Recentemente, Birdwhistell admitirá as dificuldades de fundar a gramática gestual que sonhara[35]. Ele também trabalhou com os "mar-

---

33 • BIRDWHISTELL,. R L'analyse kinésique. *Langages*, n. 10, 1968, p. 103 [trad. fr.]. Para uma apresentação do itinerário intelectual de Birdwhistell cf. WINKIN, Y. *La nouvelle communication*. Paris: Seuil, 1981. Esse trabalho introduz com a mesma pertinência os trabalhos de GOFFMAN, E.; BATESON, G.; HALL, E.T.; D. JACKSON; SCHEFLEN, A.; SIGMAN, S.; WATZLAWICK, P. relativos ao mesmo sujeito.

34 • BIRDWHISTELL, R. *Introduction to kinesics*. Louisville: University of Louisville Press, 1952.

35 • Id. *Kinesics and context*. Philadelphia: University of Pennsylvania Press, 1970. Sobre a gestualidade encarada como "ecossistêmica e antropológica": KOECHLIN, B. La réalité gestuelle des sociétés humaines. *Histoire des mœurs*, t. 2. Paris: La Pléiade, 1991. • FEYEREISEN, P. & LANNOY, J.-D. de . *Psychologie du geste*. Bruxelles: Mardaga, 1985. Os artigos de GREIMAS,

cadores cinésicos" que acentuam a interação social. Para Birdwhistell não é possível imaginar o significado de um gesto independentemente do contexto da troca dentro de um sistema de equivalências, semelhante a um "dicionário de gestos", que associa de maneira ingênua um significado a uma mímica ou a um gesto. O sentido é construído conforme a interação avança. Por outro lado, ele leva em consideração a integridade do conjunto de gestos evitando assim o obstáculo, corolário do precedente, que consiste em isolar fragmentos corporais (a face, a mão, etc.) e estudá-los de modo autônomo e fora de contexto, presumindo a universalidade de sua expressão e de seu significado. Nisso reside o limite dos trabalhos de P. Ekman cuja abordagem é marcada pelo pressuposto biológico que invalida o alcance e leva a uma espécie de botânica das emoções. Finalmente, para Birdwhistell, não existe "comunicação não verbal". Os movimentos da palavra e do gesto estão mesclados num sistema e não podem ser estudados isoladamente.

## III - A etiqueta corporal

Isolamos a etiqueta corporal da gestualidade ou da expressão das emoções por simples razão de clareza na demonstração dos campos de estudo.

Interações implicam em códigos, em sistemas de espera e de reciprocidade aos quais os atores se sujeitam. Não importam quais sejam as circunstâncias da vida social, uma etiqueta corporal é usada e o ator a adota espontaneamente em função das normas implícitas que o guiam. Conforme os interlocutores, seu *status* e o contexto da troca, ele sabe de antemão que tipo de expressão pode adotar e, algumas vezes de modo desajeitado, o que está autorizado a falar da própria experiência corporal. Cada ator empenha-se em controlar a imagem que dá ao outro, esforça-se para evitar as gafes que poderiam colocá-lo em dificuldades ou induzi-lo a confusão. Mas várias são as emboscadas que espreitam o desenvolvimento ordenado da etiqueta: "Para começar, escreve Goffman, um ator pode acidentalmente dar a impressão de incompetência, de inconveniência ou de falta de respeito, perdendo momentaneamente o

A.J., KRISTEVA, J., CRESSWELL, R. e KOECHLIN,. B. In: *Langages*, n. 10, 1968. Sobre a antropologia do gesto e o estatuto do corpo na comunicação, cf. LE BRETON, D. *Les passions ordinaires* – Anthropologie des émotions. Paris: Armand Colin, 1998.

controle muscular. Pode tropeçar, cambalear, cair, arrotar, bocejar, cometer um lapso, se coçar, peidar ou empurrar outra pessoa por inadvertência. Depois, o ator pode agir de tal modo que dá a impressão de interessar-se muito ou muito pouco à interação. Pode gaguejar, esquecer o que acaba de dizer, demonstrar nervosismo, ficar com ar de culpa ou de embaraço; pode dar livre curso a intempestivos acessos de riso ou de raiva, ou outras manifestações de emoção que o impedem momentaneamente de participar da interação"[36].

Diante das rupturas de convenções, "trocas restauradoras" podem vir a minimizar a gravidade da infração às regras de interação: desculpas, reações de humor, súplicas, ações evasivas, etc. É importante manter a linha e restabelecer uma acomodação provisória na situação. Os trabalhos de Goffman marcam esse campo de estudo pela fineza da análise[37]. Da mesma forma que inconscientemente o ator sabe acioná-las, sabe também decifrar, até certo ponto, os elementos quase imperceptíveis que veem minimizar uma proposição, acentuá-la ou mesmo contradizê-la à revelia do locutor. Dessa forma, os movimentos do corpo marcam a inclusão da ambiguidade no campo da comunicação.

As pesquisas de Hall sobre a proxemia, isto é, a utilização do espaço pelos atores quando ocorre interação, são ao mesmo tempo estimulantes e marcadas de limites. Na trilha de sensibilidade dos trabalhos de Sapir e de Whorf, essas pesquisas chamam a atenção para o fato de que uma língua nunca é um simples decalque do pensamento e que, inversamente, ela condiciona a formação e a expressão do pensamento. Hall amplia, com muita razão, essa constatação ao conjunto dos dados culturais. A experiência não é uma relação bruta com o mundo, podendo ser dividida sem dificuldades pelos atores de diferentes culturas. A manutenção de uma comunicação está sob a égide de uma determinação cultural que pode induzir todos os equívocos, independentemente das boas in-

---

36 • GOFFMAN, E. *La mise en scène de la vie cotidienne. T. 1. Paris: Minuit, 1973*, p. 56 [*trad. fr.*].

37 • Por exemplo: *Les rites d'interaction*. Paris: Minuit, 1974 [trad. fr.]. *La mise en scène de la vie quotidienne*: 1) *La présentation de soi* (Paris: Minuit, 1973 [trad. fr.]); 2) *Les relations en public* (Paris: Minuit, 1973 [trad. fr.]). *Les moments et leurs hommes*. Paris: Seuil, 1988 (trad. fr.). *Frame analysis: an essay on the social organisation of experience*. New York: Harper & Row, 1974. Collectif: *Le parler frais d'Erving Goffman*. Paris: Minuit, 1989.

tenções dos interlocutores. Hall estuda as proxemias de diferentes culturas (por exemplo: alemã, inglesa, francesa, japonesa, americana e árabe), mas considerando-as como formas de espécies culturais, como se a homogeneidade reinasse sem problemas (defeitos). Hall, que, no entanto, deixou marcas nas pesquisas sobre a interculturalidade (mais talvez pelas reflexões que surgem dos seus livros que pela sequência sem correções do seu método ou de suas análises), curiosamente não reconhece a divisão de classes, de grupos, de etnias, as culturas regionais ou religiosas, até mesmo as diferenças de geração. Ele postula, apoiando-se implicitamente na ideia de "nação", uma unidade cultural entre fronteiras, amplamente desmentida pelos fatos, evidentemente até mesmo nos Estados Unidos, o que por outro lado observa em outros momentos. A fraqueza de Hall consiste em trabalhar sobre uma espécie de média nacional dos comportamentos proxêmicos. Pode-se também notar a ruptura dos níveis de análise, o recurso a uma série de fatos pitorescos que adquirem valor de demonstração, uma certa condescendência para com a biologia e etologia animal. Entretanto, Hall teve papel importante nesse tipo de pesquisa apontando um dado de interação que até então havia passado despercebido[38].

Outros trabalhos colocaram em evidência o apagamento ritualizado sofrido pelo corpo no decorrer das interações ou ainda na vida social. A existência do corpo parece estar sujeita a um peso assustador que os rituais devem conjurar, tornar imperceptível sob a familiaridade das ações. Prova disso é a discrição normal nos elevadores, nos transportes em comum ou nas salas de espera, quando os atores, face a face, esforçam-se para, mutuamente e com um certo desconforto, tornar-se transparentes uns para os outros. Da mesma forma acontece com o tocar ou o ser tocado por um desconhecido, numa rua ou num corredor, o que provoca inevitáveis desculpas. O mesmo ocorre quando um ator é surpreendido pelo outro numa atitude incongruente ou íntima ou quando escapa um arroto, uma flatulência, um ronco do estômago. A dificuldade aparece também no encontro com um estrangeiro que não participa dos mesmos rituais da sociedade que o acolhe, principalmente das proxemias. Nessas condições, a simbólica corporal perde momentaneamente o poder de conjuração. O corpo torna-se um incô-

---

[38] • Cf., por exemplo, HALL, E.T. *La dimension cachée*. Paris: Seuil, 1971 [trad. fr.].

modo, um peso. As esperas respectivas dos atores não são mais simétricas e deixam, ao contrário, transparecer falhas. Os corpos deixam de corresponder-se na imagem fiel do outro, nessa espécie de bloco mágico onde os atores apagam sua corporeidade na familiaridade dos sinais e símbolos, ao mesmo tempo em que a colocam adequadamente em cena. Um desconforto emerge a cada ruptura das convenções de apagamento. A esse respeito, pode-se chamar a atenção para as dificuldades relacionadas com as pessoas que possuem alguma deficiência física ou sensorial, ou catalogadas como trissômicas, "débeis" ou doentes mentais. Nesses atores o corpo não passa despercebido como manda a norma de discrição; e quando esses limites de identificação somáticos com o outro não mais ocorrem, o desconforto se instala. O corpo estranho se torna corpo estrangeiro e o estigma social funciona então com maior ou menor evidência conforme o grau de visibilidade da deficiência. O corpo deve ser apagado, diluído na familiaridade dos sinais funcionais. Mas, com a simples presença física, o "deficiente" físico ou o "louco" perturbam a regularidade fluida da comunicação. Proibindo o próprio corpo, eles suscitam o afastamento bastante revelador da atitude de nossas sociedades para com a corporeidade[39].

Raymond Firth estudou em detalhes as posturas e os gestos de respeito, assim como os significados a eles associados, de uma população melanésia, os Tikopia[40]. Observou os diferentes órgãos colocados em evidência, por exemplo, nos rituais de saudação nos quais o aperto de mão dos europeus é somente uma modalidade entre outras de entrar em contato. Nos Tikopia uma leve pressão no nariz do interlocutor, associada a uma breve inalação, é o gesto inicial do encontro. Os rituais corporais de respeito envolvem a vida diária dos atores; diferem de uma sociedade para outra, mas também representam o objeto de variações significativas no interior dos grupos e das classes sociais de cada sociedade. As maneiras de saudar, a distância observada em relação ao outro conforme o grau hierárquico, a posição social, o grau de parentesco, a possibilidade ou não de tocar-se (em que lugar? de que maneira?), as

---

[39]  • A respeito do apagamento ritualizado do corpo, cf. LE BRETON, D. *Anthropologie du corps et modernité*. Op. cit.

[40]  • FIRTH, R. Postures and gestures of respect. *Echanges et communications:* mélanges offertes à Claude Lévi-Strauss. The Hague/Paris: Mouton, 1972.

manifestações corporais associadas à interação, diferentes segundo os grupos sociais, as classes de idade, o sexo do ator, segundo seu pertencimento a grupos que desenvolvem maneiras de ser específicas (dependentes de drogas, prisioneiros, etc.).

Como para as técnicas do corpo, o aprendizado da etiqueta corporal, em amplitude e variações, depende muito pouco da educação formal. O mimetismo do ator e as identificações feitas em relação ao entorno imediato têm aqui papel preponderante. A extensão corporal da interação está impregnada de um simbolismo específico para cada grupo social e depende sobremaneira da educação informal, tênue demais para ser percebida e cuja eficacidade pode, sobretudo, ser determinada.

## IV- A expressão dos sentimentos

Em 1921, no *Journal de Psychologie*, M. Mauss publica "A expressão obrigatória dos sentimentos". No seu entender, os sentimentos não dependem nem da psicologia individual nem de uma psicologia indiferente. Tal como transparecem na extensão do corpo e se colocam em ação nos comportamentos, os sentimentos são emanações sociais que se impõem por seu conteúdo e sua forma aos membros da coletividade, colocados numa dada situação moral. Contra os preconceitos contraditórios que desejam fazer da emoção um dado ou íntimo ou natural, M. Mauss sustenta a dimensão social e cultural dos sentimentos e de sua formalização no comportamento do ator. Assim, longe de estarem ligados unicamente à dor, os prantos podem estar associados a um momento preciso no rito de saudação. "Não são somente os prantos, escreve Mauss, mas qualquer espécie de expressão oral dos sentimentos, não os fenômenos exclusivamente psicológicos ou fisiológicos, mas os fenômenos sociais, que são essencialmente marcados com o sinal da não espontaneidade e da mais perfeita obrigação"[41].

Para ilustrar seu pensamento, Mauss toma como exemplo uma cerimônia funerária típica da sociedade aborígine australiana, evidenciando que as manifestações dos sentimentos respondem a uma certa temporalidade. Não são abandonadas à vontade dos

---

41 • MAUSS, M. L'expression obligatoire des sentiments. *Essais de sociologie*. Paris: Minuit, 1968-1969, p. 81. Cf. também GRANET, M. Le langage de la douleur d'après le rituel funéraire de la Chine classique. *Études sociologiques sur la Chine*. Paris: PUF, 1953.

atores, ao arbítrio, mas inscrevem-se num código preestabelecido do qual o homem não pode se desviar. A conclusão de Mauss abre muitos caminhos: "Fazemos então muito mais que manifestar os sentimentos: manifestamos aos outros, já que é necessário que lhes sejam manifestados. Manifestamos a nós mesmos quando exprimimos aos outros e à intenção dos outros. É essencialmente uma simbologia".

Os sentimentos que vivenciamos, a maneira como repercutem e são expressos fisicamente em nós, estão enraizados em normas coletivas implícitas. Não são espontâneos, mas ritualmente organizados e significados visando os outros. Eles inscrevem-se no rosto, no corpo, nos gestos, nas posturas, etc. O amor, a amizade, o sofrimento, a humilhação, a alegria, a raiva, etc. não são realidades em si, indiferentemente transponíveis de um grupo social a outro. As condições de seu surgimento e a maneira como são simbolizados aos outros implica uma mediação significante. Entretanto, na tradição aberta pela obra de Darwin, *Expression of the emotions in man and animals* (1873), vários pesquisadores vindos, na grande maioria, da etologia ou das ciências biológicas, trabalham assiduamente nesse campo empenhando-se principalmente em provar a universalidade da expressão das emoções. Paradoxo prazeroso, esses pesquisadores não conseguem chegar a um acordo comum sobre o número e a natureza dessas emoções. Segundo eles, os vestígios de animalidade transparecem ainda no homem, principalmente nos movimentos expressivos que seriam somente emanações do instinto. Essas afirmações persistem a despeito do desmentido de numerosos trabalhos originários da sociologia e da antropologia. Mas para que o sentimento seja experimentado e expresso pelo ator, deve pertencer de qualquer maneira ao repertório cultural de seu grupo. A sociologia pode dedicar-se à descoberta desse conhecimento difuso que atravessa as manifestações afetivas dos atores e contribui para a evidência do vínculo social, graças à partilha de uma simbologia que cada ator traduz com seu estilo próprio, mas numa área de reconhecimento mútuo[42].

---

[42] • ELIAS, M. Human beings and their emotions. In: FEATHERSTONE, M. et al. *The body: social process and cultural theory.* London: Sage, 1991. LUTZ, C. *Unnatural emotions.* Chicago: University of Chicago Press, 1988. Harré, R. (ed.). *The social construction of emotion.* Oxford: Blackwell, 1968. LEWIS, M. & SAARNI,. C. *The socialization of emotions.* New York: Plenum, 1985. FRANKS, D.D. & MCCARTHY, G.D.M. *The sociology of emotions.* Greenwich, Con.: Jay Press, 1989. LE BRETON, D. *Les passions ordinaries – Anthropologie des émotions.* Paris: Armand Colin, 1998.

Várias condutas aparentemente comandadas por dados fisiológicos, e dessa forma fugindo do controle da vontade ou da consciência, também são bastante influenciadas ou até mesmo diretamente orientadas por dados sociais, culturais ou psicológicos. A dor é um exemplo significativo. A atitude do ator diante da dor e inclusive o limite da dor ao qual reage estão ligados ao tecido social e cultural no qual ele está inserido, com a visão do mundo, as crenças religiosas que lhe são próprias, isto é, a maneira como se situa diante da comunidade de pertencimento. "A dor, escreve René Leriche, não é só o fato do influxo nervoso percorrendo o nervo com uma determinada velocidade; é também o resultado de um conflito entre o excitante e o indivíduo por inteiro". É o homem quem faz a dor conforme o que ele é. A definição de Leriche permite avaliar a parte pessoal do ator na capacidade de percepção da dor. Ela evidencia os crivos sociais, culturais e psicológicos do influxo doloroso. Entre o excitante e a percepção da dor, há a extensão do indivíduo enquanto singularidade e ator de uma dada sociedade. As normas implícitas, escapando ao julgamento do indivíduo, determinam sua relação com o estímulo doloroso. Essa relação não responde a nenhuma essência pura, ela traduz uma relação infinitamente mais complexa entre as modificações do equilíbrio interno do corpo e os ressentidos por um ator que "aprendeu" a reconhecer essa sensação e a relacioná-la a um sistema de sentido e valor. Como a fome e a sede, a dor é um dado biológico, mas da mesma forma que não encontram em seus pratos sensações idênticas, experimentam a comida de modo diferente, dando-lhe significação própria, os homens não sofrem da mesma maneira e nem a partir da mesma intensidade da agressão. Eles atribuem valor e significados diferentes à dor conforme sua história e pertencimento social.

Mark Zborowski estudou num hospital americano as atitudes em relação à dor de diferentes grupos sociais: italianos, judeus e americanos de família tradicional. Os doentes italianos e judeus revelam grande sensibilidade à dor e atitudes muito características. São descritos pelos meios médicos como apresentando tendência a "exagerar" e emotividade "excessiva". No entanto, os doentes italianos parecem mais interessados pela dor em si que pelo problema do qual é o sintoma. A partir do momento que ela desaparece, eles param de reclamar e voltam a ficar bem-humorados. Os doentes judeus, ao contrário, recusam com frequência os analgésicos. Na dor, o que lhes preocupa, sobretudo, é o mal do qual ela é o indício. Mesmo com o término da dor, a agonia continua. M. Zborowski atenta para o fato de que as duas culturas dão livre curso ao sentimento, tanto pela palavra quanto pelo gesto. Os italianos e os judeus "sentem-se livres para falar da dor, para reclamar dela e para manifestar seu sofrimento, gemendo, se lamentando, chorando, etc. Eles não têm vergonha de se expressar". Ao contrário, os doentes de família tradicional americana ressentem "estoicamente" a dor; não se lamuriam e abandonam-se passivamente aos tratamentos das equipes médicas às quais devotam total confiança. Segundo Zborowski, "eles não param de repetir que de nada adianta reclamar, gemer ou se lamentar". Agindo dessa forma, eles têm consciência de reproduzir um modelo de comportamento reconhecido como "americano". M. Zborowski termina seu estudo explicando que as diferenças de reações à dor encontram a razão de ser nas modalidades distintas das relações mãe-criança que distinguem esses grupos sociais[43].

Além dos estímulos implícitos recebidos do grupo de pertencimento, cada ator reage à dor com seu próprio estilo. Num grupo, além de uma maneira adequada de reagir, alguns têm fama de serem mais "duros" que outros ou mais "delicados" e "sensíveis". Frequentemente essas diferenças apontam para a educação recebida e o tipo de relação afetiva mantida com a mãe. Em nossas sociedades, o menino recebe uma educação com relação à dor ligada à imagem da virilidade, de força do caráter. Em princípio, os pais esforçam-se para impedir as tendências para a emotividade ou para a negligência. O mais depressa possível, ele deve assimilar as qualidades que imaginamos serem as do homem; ao contrário, toleramos facilmente, e até mesmo encorajamos, as manifestações de sensibilidade da menina: as lágrimas e os lamentos são menos admitidos no menino que na menina, supostamente mais delicada. A educação transforma assim as crianças em atores conformes à imagem da mulher e do homem em vigor na sociedade.

---

43 • ZBOROWSKI, M. *People in pain*. San Francisco: Jossey-Bass, 1969. Cf. igualmente SCARRY, E. *The body in pain* – The making and unmaking of the world. Oxford: Oxford University Press, 1985. • MORRIS, D.B. *The culture of pain*. Berkeley: University of California Press, 1984. • LE BRETON, D. *Anthropologie de la douleur*. Paris: Métailié, 1995.

# V - As percepções sensoriais

A pesquisa sociológica aplicada ao corpo não pode limitar-se somente às ações do corpo, é preciso também considerar as corporificações do funcionamento regular do mundo. Entramos então por um domínio ambicioso e original que permanece quase intocado. George Simmel no *Ensaio sobre a sociologia dos sentidos*[44] abriu um campo de estudo que apontava para a importância da mediação sensorial nas interpretações sociais. "Uma consideração mais rigorosa, enfatiza o autor, evidencia que essas trocas de sensação não são somente a base e a condição comum nas relações sociais, mas que cada sentido fornece, de acordo com sua característica própria, informações específicas para a construção da existência coletiva e que para cada diferença sutil de suas impressões correspondem particularidades, relações sociais". Essa é a dimensão mais enraizada na intimidade do sujeito, a mais intocável; é aquela do claro-escuro, uma vez que drena o imenso campo sensório. De uma área cultural para outra, e mais frequentemente de uma classe social para outra, os atores decifram sensorialmente o mundo de maneira diferenciada.

A configuração dos sentidos, a tonalidade e contorno de seu desenvolvimento são de natureza não somente fisiológica, mas também social. A cada instante decodificamos sensorialmente o mundo transformando-o em informações visuais, auditivas, olfativas, táteis ou gustativas. Assim, certos sinais corporais escapam totalmente ao controle da vontade ou da consciência do ator, mas nem por isso perdem sua dimensão social e cultural. As percepções sensoriais do homem do campo não são as do homem urbano, as de um Tuaregue não são as de um Guayaqui, etc. Cada comunidade humana elabora seu próprio repertório sensorial como universo de sentido. Cada ator apropria-se do uso desse repertório de acordo com a sensibilidade e os acontecimentos que marcaram sua história pessoal.

As atividades perceptivas utilizadas pelo ator durante a vida são fruto do condicionamento social. Assim, Howard Becker estudou de que maneira um grupo pode modelar o aprendizado de novas formas sensoriais no contexto do consumo de maconha.

---

[44] • SIMMEL, G. Essai sur la sociologie des sens. *Sociologie et épistémologie*. Paris: PUF, 1981 [trad. fr.].

Um jovem americano que fuma pela primeira vez, via de regra não sente nada, a não ser um ligeiro desconforto, um gosto meio desagradável. Mas, lentamente, graças à solicitude do grupo no qual está envolvido, aos conselhos que lhe são dados, aprendendo de maneira informal por uma espécie de bricolagem entre o que percebe da experiência dos outros e o que dela imagina, acaba modulando as percepções sensoriais sentidas de acordo com um sistema de referência novo para ele. Pouco a pouco sua experiência com a maconha submete-se ao modelo de percepção oferecido pelos companheiros. Ele está apto a reproduzir as sensações necessárias e, a partir daí, decodificá-las como sendo agradáveis. "As sensações produzidas pela maconha não são automaticamente, nem mesmo necessariamente, agradáveis. Como para as ostras ou o Martini *dry*, o gosto para essas sensações é socialmente adquirido. O fumante sente coceiras no couro cabeludo, tem sede, perde o sentido do tempo e das distâncias. Tudo isso é agradável? Ele não tem certeza. Para continuar a usar maconha é preciso que opte pela assertiva"[45]. Qualquer aquisição de uma nova técnica é também aprendizado sensorial: aprender a cozinhar (olfação, gosto, visão), a escalar rochedos (tocar, etc.), aprender a tocar um instrumento (audição, etc.), etc. Ao mesmo tempo em que se manifesta, a experiência corporal modela as percepções sensoriais pela integração de novas informações.

Percepções de cores, gostos, sons, grau de afinamento do toque, limite da dor, etc. A percepção dos inúmeros estímulos que o corpo consegue recolher a cada instante é função do pertencimento social do ator e de seu modo particular de inserção no sistema cultural. Outros trabalhos colocaram em evidência as estruturas sensoriais da vida cotidiana[46], ou então se dedicaram ao estudo de regimes sensoriais específicos[47].

---

45 • BECKER, H. Comment on devient fumeur de marijuana. *Out-siders* – Études de sociologie de la déviance. Paris: Métailié, 1985, p. 75 [trad. fr.]. History, culture and subjective experience: an exploration of social bases of drug-induced experiences. *Journal of Health and Social Behavior*, n. 2, 1967.

46 • LE BRETON, D. *Anthropologie du corps et modernité*. Op. cit.

47 • Por exemplo, WINTER, R. *Le livre des odeurs*. Paris: Seuil, 1978 [trad. fr.]. • MONTAGU, A. *La peau et le toucher*. Paris: Seuil, 1979 [trad. fr.]. • CLASSEN,. C. *Worlds of sense*. London: Routledge. • HOWES, D. *The varieties of sensory experience:* a sourcebooks in the anthropology of the senses. Toronto: University of Toronto Press, 1991. • LE GUERER, A. *Le pouvoir des odeurs*. Paris: Jacob, 1993. • CLASSEN, C.; HOWES, D. & SYNNOTT, A. *Aroma – The cultural history*

# VI - As técnicas de tratamento

Referindo-se à etnia específica dos Nacirema, Horace Miner escreve que "a crença fundamental que sustenta todo o sistema consiste no sentimento de que o corpo humano é feio e que sofre de uma tendência natural ao enfraquecimento e à doença. Aprisionado em tal corpo, o Nacirema só pode esperar escapar à ameaça graças aos ritos e cerimônias apropriados. Para esse fim, cada casa tem à disposição um ou vários relicários. Em suas casas, os indivíduos mais poderosos da sociedade possuem vários deles". É provável até que o *status* social mantenha uma correspondência direta com o número de relicários. Quanto aos mais desfavorecidos, tentam imitar os privilegiados se virando como podem, mas tudo indica que cada família possua pelo menos um. O paradoxo consiste no fato de que, mesmo ocorrendo no interior da família, os ritos associados à conservação obsessiva do corpo não deixam de ser muito íntimos e secretos. "O ponto focal do relicário é uma caixa construída na parede onde são colocados todos os encantamentos e poções mágicas sem os quais nenhum dos indígenas poderia sobreviver". H. Miner descreve também os curiosos estratagemas empregados para fazer escoar do centro do relicário a "água sagrada" para que cada um possa entregar-se às purificações salvadoras. Um corpo de sacerdotes é especialmente designado para cuidar da proteção da água para que se mantenha livre de qualquer sujeira. Há também o horror patológico e a fascinação que os indígenas dedicam à boca. As emanações desta têm fama de exercer a pior influência possível sobre relações sociais. Sem os rituais da boca que cerceiam as ameaças, eles temem que os dentes caiam, que as mandíbulas se contraiam, que os amigos os abandonem, e os amantes se afastem. Teríamos rapidamente reconhecido a etnia Nacirema com mores tão próximos dos nossos[48].

Outro capítulo da sociologia do corpo consiste nos tratamentos dispensados ao corpo. Sabe-se que as condutas de higiene e as relações imaginárias de limpeza ou de sujeira são profundamente heterogêneas quando passamos de uma sociedade e de uma cultura para outra, de uma classe social para outra. Frequentemente as

---

*of smell.* London: Routledge, 1994. • MÉCHIN, C. et al. *Anthropologie du sensorial* – Les sens dans tous les sens. Paris: L'Harmattan, 1998.

[48] • MINER. H. Body ritual among the Nacirema. *American Anthropologist*, n. 58, 1956.

condutas de higiene incentivadas nas sociedades ocidentais são marcadas pelo domínio do modelo médico. Uma visão do mundo que mais ou menos corresponde às condutas quotidianas das populações de classes médias de nossas sociedades, e corresponde menos àquelas das camadas populares que frequentemente funcionam, não na ausência da higiene, mas em outra relação com higiene e a prevenção. Problemáticos em nossas próprias sociedades, os critérios de limpeza e de sujeira e as condutas coletivas de higiene são ainda mais insólitas no contexto das sociedades não ocidentais. Nessas condições e, por exemplo, nas campanhas de ação sanitária promovidas em populações culturalmente muito diferentes, é conveniente temer as projeções, os pressupostos prontos para uso que desconhecem as representações sociais locais, os sistemas de prevenção autóctones baseados em outros dados, como as tradições locais de curandeirismo. As atitudes ocidentais negligenciam frequentemente os sistemas simbólicos que dão o contorno e o sentido à vida coletiva de comunidades humanas afastadas de nosso modo de existência. Mas, os comportamentos de higiene particulares às nossas sociedades também repousam sobre uma simbólica do limpo e do sujo, do propício e do nefasto; elas também são culturalmente condicionadas.

As práticas de higiene são frequentemente incluídas na ideia de prevenção. Em sociedades que ainda escapam à modernidade, ou nas camadas populares de nossas sociedades, os modos de prevenção dependem da cultura comum e suas exigências são lembradas pelos mais velhos. Orientadas pela perspectiva médica, ao contrário, a prevenção e a higiene são impostas do exterior às populações que não compreendem absolutamente sua razão. Só dar banhos em crianças nos finais de semana, por exemplo, pode parecer estranho para o indivíduo que possui uma visão médica da higiene. Françoise Loux lembra que no final do século XIX, em famílias populares no meio rural, as mães tinham o hábito de não lavar a cabeça das crianças. Os agentes sanitários da época revoltavam-se contra aquilo que consideravam ser uma negligência condenável e até mesmo uma indignidade das mães. De fato, para essas mulheres era questão de uma ação preventiva: a cabeça da criança, e o restante do corpo evidentemente, mas, sobretudo a cabeça, não era lavada porque lá estava, a seu ver, a zona vulnerável da criança. Era preciso protegê-la com uma espécie de segunda pele. A moleira era

58

considerada frágil, correndo o risco de abrir sob o efeito da ensaboação muito forte. Por outro lado, acreditava-se que esse espaço era poroso, podendo ser facilmente penetrado pelo "verme da cabeça": a meningite. A camada de sujeira era reputada para proteger a criança dessas formas virulentas de adversidade. Também é preciso lembrar que a sociedade rural da época não era hostil às emanações do corpo como somos hoje em dia. Um sistema simbólico envolve a atitude dessas mães tornando-a compreensível[49].

A pesquisa sociológica pode assim abraçar o conjunto das técnicas de tratamento da corporeidade: os tratamentos corporais nas diversas formas que se fazem ou de maneira privada (banho, toalete, etc.) ou pública (cabeleireiro, manicura, tratamento facial, etc.) e os diversos valores que lhes são associados conforme os grupos e as classes sociais.

## VII - As inscrições corporais

A marcação social e cultural do corpo pode se completar pela escrita direta do coletivo na pele do ator. Pode ser feita em forma de remoção, de deformação ou de acréscimo. Essa modelagem simbólica é relativamente frequente nas sociedades humanas: ablação ritual de um fragmento do corpo (prepúcio, clitóris, dentes, dedos, tonsura, etc.) marcação na epiderme (escarificação, incisão, cicatriz aparente, infibulação, modelagem dos dentes, etc.); inscrições tegumentares na forma de tatuagens definitivas ou provisórias, maquiagem, etc.; modificações da forma do corpo (alongamento do crânio ou do pescoço pelo procedimento de contenção, deformação dos pés, constrição do ventre por bandagem apertada, "engorda" ou emagrecimento, alongamento do lóbulo das orelhas, etc.); uso de joias ou de objetos rituais que deformam o corpo: anéis de junco e pérolas que provocam, com o crescimento do indivíduo, um alongamento do pescoço, inserção de discos nos lábios superiores ou inferiores. O tratamento dos cabelos, ou mais geralmente do sistema piloso, é um outro tipo de marcação corporal sobre o qual o coletivo tende a exercer um controle rigoroso.

Essas marcas corporais preenchem funções diferentes em cada sociedade. Instrumentos de sedução, elas são ainda com maior fre-

---

[49] • LOUX, F. Anthropologie et soins aux enfants. *Anthropologia medica*, n. 3, 1987. • *Le jeune enfant et son corps dans la société traditionnelle*. Paris: Flammarion, 1978.

quência um modo ritual de afiliação ou de separação. Elas integram simbolicamente o homem no interior da comunidade, do clã, separando-o dos homens de outras comunidades ou de outros clãs e ao mesmo tempo da natureza que o cerca. Elas humanizam o homem colocando-o socialmente no mundo, como ocorre com os Bafia da África Ocidental que afirmam não poder distinguir-se dos animais da selva sem suas escarificações. Elas reproduzem o *status* social, ou mais especificamente matrimonial, num mundo legível por todos. Podem também recordar, como uma memória orgânica, o lugar da pessoa na linhagem dos ancestrais. Chamam a atenção para os valores da sociedade e o lugar de cada um na estrutura social[50]. Nossas sociedades ocidentais só conhecem as versões atenuadas da marcação corporal: tatuagem, maquilagem, por exemplo; ao contrário das sociedades tradicionais, eles propõem em contrapartida grande variedade de tratamentos para cabelos (eventualmente o tingimento) ou para sistema piloso. O rosto do homem pode, assim, estar com bigode, barba ou barbeado.

## VIII - A má conduta corporal

As variadas traduções físicas (comportamentos ou sintomas) da doença, da loucura ou do desespero, por exemplo, podem ser aqui analisadas. Embora tenham um estatuto paradoxal, aparecem como emanações do último flange da simbólica social. Os modelos de má conduta colocados em evidência por Linton ou Devereux levam em consideração, de maneira bastante aprofundada, as modalidades de expressão corporal de origem cultural. Aqui também um trabalho apaixonante pode ser posto em prática, num campo ainda amplamente em construção[51].

Muita coisa se falou sobre a psicossomática e foi colocada em evidência a ambiguidade que pesava sobre o termo. Numa perspectiva bem diferente, nós propusemos a noção de fisiossemântica[52]. É conveniente dizer que é o homem que está doente e que assim o social, o cultural e o relacional podem estar comprometi-

---

50 • Victoria Elbin. *Corps decorés*. Paris: Chêne, 1979 [trad. fr.]. • CLASTRES, P. De la torture dans les sociétés primitives. *La société contre l'État*. Paris: Minuit, 1974. • BRAIN, R. *The decorated body*. New York: Harper & Row, 1979.

51 • Cf., por exemplo, EHRENBERG, A. *La fatigue d'être soi*. Odile Jacob, 1998. Ou ainda KLEINMANN, A. *Souffrir, soigner, vivre*. Paris: PUF, 1990.

52 • LE BRETON, D. *Anthropologie du corps et modernité*. Op. cit.

dos com o aparecimento da doença. Banal nas pesquisas etnográficas nas quais essa constatação deu origem à noção de eficácia simbólica, parece que numerosos pesquisadores detêm-se no limite de nossas sociedades, não percebendo nelas o exercício da eficácia simbólica e só percebendo a "objetividade" da eficácia médica. Como se a cultura não mais existisse em se tratando de sociedades ocidentais, a racionalidade tendo tornado obsoleta a sua presença. Sem dúvida estamos diante de um problema. Tanto a etnologia como a antropologia trazem a comprovação de outros procedimentos terapêuticos, também eficazes no contexto em que estão inscritos. O conhecimento biomédico é, por outro lado, objeto de debates contraditórios nos meios da psicologia ou da medicina. E grande número de pessoas escolhe outras vias terapêuticas, ligadas, por exemplo, ao ramo das medicinas ditas paralelas.

# Capítulo V

## Campos de pesquisas 2: Imaginários sociais do corpo

Outros campos de aplicação da sociologia do corpo dependem por sua vez de outra raiz epistemológica: referem-se muito mais às representações e aos valores ligados à corporeidade e transformam o corpo num inesgotável reservatório de imaginário social. Tomaremos alguns exemplos de trabalhos nesse campo.

### I - "Teorias" do corpo

As representações tentam identificar o corpo, determinar as ligações com o ator que personifica (relações alma-corpo-espírito, psique-soma, etc.), distinguir as partes que o compõem e as funções recíprocas, isto é, a fisiologia simbólica que as estruturam e que tenta, por fim, dar nome aos constituintes e às suas ligações com o meio social, cultural e cósmico. Teorias do corpo, de certa forma. Sem esquecer do estudo da maneira como os atores se apropriam desses conhecimentos, muitas vezes de modo rudimentar, mas suficiente para que tenham o sentimento de saber do que são feitos e de compreender melhor a dimensão viva de sua carne. Nos detivemos longamente nesse tema no primeiro capítulo para fazer notar a ambiguidade ligada à noção de corpo e a diversidade de suas definições nas sociedades humanas.

### II - Abordagens biológicas da corporeidade

Alguns discursos pretendem abranger as lógicas corporais e a condição humana sob a perspectiva biológica e até mesmo neurológica ou genética. A corporeidade é a partir daí subordinada a uma natureza. Essa é a orientação de uma sociologia que se situa nessa perspectiva, em antagonismo radical com a sociologia do corpo. Os trabalhos inscrevem-se na tradição darwiniana aberta por *The expression of the emotion in man and animals* lançado em 1872. Os usos do corpo principalmente em sua dimensão facial ou gestual, a tradução física dos sentimentos experimentados pelo ator, seriam dependentes de mecanismos biológicos universais e inatos.

A obra-mestra da sociobiologia aparece em 1975 escrita pelo entomologista E. Wilson (*Sociobiology: the new synthesis*. Harvard University Press). Wilson desejava estabelecer um "estudo sistemático dos fundamentos biológicos de todos os comportamentos sociais". "À ideia segundo a qual as significações são constituídas no plano social, resume Marshall Sahlins, opõe-se a ideia que as interações humanas são determinadas no plano biológico; o que resultaria essencialmente, na perspectiva evolucionista, em uma propensão dos genótipos, tomados isoladamente, a maximizar a chance de reprodução"[53]. A inteligibilidade da ação humana, não estando enraizada na dinâmica do liame social, deveria ser simplesmente pesquisada no cérebro do homem. "Somente quando seu mecanismo for, no nível da célula, inteiramente desmontado no papel e em seguida reconstruído, é que propriedades, tais como a emoção ou o julgamento ético, poderão ser esclarecidas". Wilson revela em sua conclusão uma fantasia política que vislumbra dar plenos poderes aos biólogos. Segundo ele, o importante é construir "um código ético geneticamente correto e, por isso mesmo, perfeitamente equitativo". Sonho de plenipotência que faz ao mesmo tempo sonhar e inquietar. Deixar a iniciativa da ética social aos genes e aos geneticistas não parece de fato nem um pouco prudente.

Os sociobiólogos e numerosos etólogos transferem para o fato social, sem correção alguma, os resultados obtidos com os estudos sobre animais (R. Ardrey, D. Morris, I. Eibl-Eibesfeld, K. Lorenz, etc.). O sistema simbólico das relações entre atores, o funcionamento coletivo das comunidades humanas estão, a seu ver, sob a estreita dependência de uma programação genética, determinada durante o desenvolvimento da filogênese, fazendo da cultura um simples artefato do biológico. A dimensão simbólica representaria somente um decalque, no plano social, de um sistema de disposições genéticas que se imporia ao homem em qualquer direção. Esse sistema representando o produto passivo dos genes herdados dos pais, eles próprios dominados pelos genes de sua espécie. Para modificar a organização social ou para transformar as características

---

53 • SAHLINS, M. *Critique de la sociobiologie* – Aspects anthropologiques. Paris: Gallimard, 1976, p. 13 (trad. fr.). Cf. igualmente LE BRETON, D. *Les passions ordinaires* – Anthropologie des émotions. Paris: Armand Colin, 1998.

do homem, a única intervenção eficaz seria interferir no patrimônio genético para orientá-lo de um modo diferente. Sem alardes, os sociobiólogos colam um esquema animal no homem sem se questionar sobre as diferenças estabelecidas, entre os dois reinos, através da mediação cultural introduzida pelo próprio homem.

Diante da complexidade e da plasticidade da condição humana, a sociobiologia é obrigada a privilegiar argumentos impositivos oriundos do imaginário biológico. Ela afasta a preocupação de observar o homem real que vive em dada sociedade num dado momento; de fato, prefere o estudo dos mecanismos neurológicos dos comportamentos ao estudo das relações do homem com o mundo. Prefere os mecanismos musculares às ações da corporeidade humana. Para evitar encontrar a complexidade da troca das significações sobre a qual se funda a condição social do homem, ela prefere falar de troca de "informações" com a vantagem, bem considerável na sua opinião, de assim dissolver a dimensão simbólica e de poder comparar as trocas de célula para célula com as existentes entre os homens vivos, como se fosse questão de estar tratando da mesma ordem de fatos. Além deste empreendimento de dissolução do sentido e do valor, a sociobiologia, para justificar sua perspectiva, deve também fazer vista grossa às formidáveis variações culturais (ou até mesmo pessoais) que pincelam o espaço social com suas incontáveis particularidades. "No homem, escreve M. Sahlins, as mesmas motivações intervêm em diferentes formas culturais, e as mesmas formas fazem intervir motivações diferentes. Na ausência de correspondência invariável entre o caráter da sociedade e o caráter humano, não poderia existir aí determinismo biológico" (p. 38).

A sociologia do corpo, se permanece no campo epistemológico das ciências sociais, só pode opor-se energicamente à sociobiologia que tem a intenção de tornar o homem o produto do corpo, fundando este último como natureza. Os trabalhos de orientação sociológica demonstram que as ações do corpo ao longo da existência do homem, ao contrário de serem artefatos da organização biológica e instintiva, obedecem muito mais à simbólica social e cultural. Não há bases instintivas para a conduta humana tal como a vivenciada por qualquer família que adota uma criança vinda de outra sociedade, ou como verificado por numerosos trabalhos etnológicos que descrevem a extraordinária variação das condutas humanas em outras sociedades e em outros tempos, ou também como ilustram os casos das crianças chamadas "selvagens" ou simplesmente as diferenças significativas de relações com o mundo das "segundas gerações" em relação a seus pais nos países de migração.

A criança que nasce na Floresta Amazônica, numa maternidade de Estrasburgo ou de Tóquio dispõe das mesmas potencialidades, das mesmas capacidades para aprender. Sua inserção em um grupo social desenvolve, sozinha, suas disposições num sentido ou outro de acordo com a educação que recebe. A única universalidade consiste na faculdade de mergulhar na ordem simbólica da sociedade, ela é esse privilégio de manifestar-se como um ator num mundo de significações e de valores que nenhuma cultura esgota. A condição do homem (e também a extensão física de sua relação com o mundo) está sob a égide do universo de sentidos que adere a ele e mantém o vínculo social.

A sociologia do corpo aponta a importância da relação com o outro na formação da corporeidade; constata de forma irrestrita a influência dos pertencimentos culturais e sociais na elaboração da relação com o corpo, mas não desconhece a adaptabilidade que, algumas vezes, permite ao ator integrar-se em outra sociedade (migração, exílio, viagem) e nela construir, com o passar do tempo, suas maneiras de ser calcadas em outro modelo. Se a corporeidade é matéria de símbolo, ela não é uma fatalidade que o homem deve assumir e cujas manifestações ocorrem sem que ele nada possa fazer. Ao contrário, o corpo é objeto de uma construção social e cultural.

## III - Diferença entre os sexos

O homem possui a faculdade de fecundar a mulher enquanto esta conhece menstruações regulares, carrega em si a criança que coloca no mundo e em seguida aleita. Aí estão os traços estruturais em torno dos quais as sociedades humanas acrescentam infinitos detalhes para definir socialmente o que significa o homem e o que significa a mulher, as qualidades e o *status* respectivo que enraízam suas relações com o mundo e suas relações entre si.

O fato de o corpo não ser a marca fatal do pertencimento biológico está exemplificado pelos Nuer, para quem somente as mulheres que podem parir são realmente consideradas como tal. A mulher estéril é vista como se fosse um homem; pode ter uma ou várias esposas se tiver meios para pagar os dotes. Suas mulheres podem ser fecundadas por parentes ou amigos, ou até mesmo por um homem de uma tribo subordinada aos Nuer (os Dinka). Esse homem não será o genitor da criança; a mulher será considerada como pai e gozará de todas as prerrogativas sociais atribuídas a essa função[54].

Um passeio pelo espaço etnográfico multiplicaria os exemplos. Uma obra clássica de M. Mead, *Sex and temperament in three primitives societies* (1935)[55], expôs a relatividade cultural do estatuto dos sexos e das qualidades que lhe são mutuamente atribuídas. Por meio de uma investigação de três sociedades da Nova Guiné, ela procura discernir "a parte das construções do espírito em comparação com a realidade dos fatos biológicos sexuais". Nos Arapesch e nos Mundugumor, mesmo que os papéis atribuídos aos homens e às mulheres sejam diferentes, não se percebe entre eles nenhuma diferença de temperamento. "Qualquer pensamento está afastado, escreve M. Mead, restam traços... da categoria da dominação, da bravura, da agressividade, da objetividade, da maleabilidade, que possam estar associados a um sexo em oposição ao outro". "Os Chambuli, em compensação, nos deram uma imagem invertida do que se passa em nossa sociedade. A mulher é o parceiro dominante, ela tem a cabeça fria e conduz o barco; o homem, dos dois, é o menos capaz e o mais emotivo". As características físicas e morais, as qualidades atribuídas ao sexo, dependem das escolhas culturais e sociais e não de um gráfico natural que fixaria ao homem e à mulher um destino biológico. A condição do homem e da mulher não se inscreve em seu estado corporal, ela é construída socialmente. Como escrevia S. de Beauvoir, "não se nasce mulher, torna-se mulher". O mesmo ocorre ao homem.

Mesmo que as diferenças de altura, peso, longevidade, etc., possam ser observadas de acordo com os sexos, em dada sociedade, não é menos verdade que na prática da vida quotidiana dos atores não se trata de uma lei intocável, mas de tendências. Em outras sociedades há variações nem sempre desvantajosas para as mulheres. Parece que certas diferenças físicas estatisticamente encontradas entre homens e mulheres dependem muito mais do sistema de expectativas sociais que lhes atribui preferencialmente papéis aos

54 • EVANS-PRITCHARD, E.E. *Parenté et mariage chez les Nuer*. Paris: Payot, 1973 [trad. fr.]).

55 • MEAD, M. *Mœurs et sexualité en Océanie*. Paris: Plon, 1963 [trad. fr.].

quais estão sujeitos os sistemas educativos e os modos de vida. Existe, além disso, uma interpretação social das diferenças, uma moral que as desenvolve e que confirma o homem e a mulher no estatuto para o qual estão designados. Em nossas sociedades, por exemplo, tanto a menina como o menino podem ser educados conforme uma predestinação social que, de antemão, lhes impõe um sistema de atitudes que corresponde aos estereótipos sociais. Um estudo de E.-G. Belotti lançado em Milão em 1974[56] observa o comportamento social diferenciado exercendo-se sobre a menina e o menino, pela educação oferecida pela mãe, pelo pai, retomada em seguida pela escola maternal ou pela escola primária, reforçada ainda pelos jogos e brinquedos com os quais as crianças se divertem, as parlendas, etc. A configuração distintiva dos sexos prepara, segundo Belotti, o homem e a mulher para um papel futuro dependente dos estereótipos do feminino e do masculino. Esse encorajamento para a doçura do lado feminino tem em contrapartida do lado masculino o encorajamento à virilidade. A interpretação que o social faz da diferença dos sexos orienta as maneiras de criar e educar a criança segundo o papel estereotipado que dela se espera.

Parece, no entanto, que as atitudes mudaram, mesmo que os estereótipos continuem a exercer sua fascinação, por exemplo, na publicidade. Seria necessário a esse respeito avançar os estudos com contemporâneos para verificar as incidências do movimento feminista sobre as atitudes e as representações atuais[57].

Um trabalho exemplar de E. Goffman expõe a expressão da diferença sexual tal como é exposta na publicidade. A ritualização excessiva dos estereótipos ligados à feminilidade em relação ao homem faz uma dublagem daquela que a vida quotidiana nos oferece através dos "idiomas rituais" que regem as relações entre os sexos. "A maioria das publicidades em que atuam homens e mulheres evocam de modo mais ou menos aberto a divisão e a hierarquia tradicional entre os sexos". Assim, a mulher encontra-se frequentemente em posição subalterna ou assistida enquanto que o homem, de altura mais elevada, a ampara numa atitude de proteção que

---

56   • BELOTTI,. E.-G. *Du côté des petites filles*. Paris: Éd. des Femmes, 1974 [trad. fr.].
    •FALCONNET, G. & LEFAUCHEUR, N. *La fabrication des mâles*. Paris: Seuil, 1975.

57   • Cf., de maneira mais abrangente HÉRITIER, F. *Masculin-feminun* – La pensée de la différence. Paris: Jacob, 1996. • NAHOUM-GRAPPE, V. *Le féminin*. Paris: Hachette, 1996.

engloba tanto a esfera profissional quanto a familiar e amorosa. A relação que a mulher tem com os objetos parece obedecer a um movimento de carinho, ela toca com doçura infinita o frasco de perfume ou o agasalho do marido. Mas, a mulher também pode afastar-se simbolicamente da interação, conformando-se com a conduta a tomar ditada pelo homem: abaixar os olhos, juntar as mãos ou cobrir com ternura o rosto com as mãos. Por exemplo, o joelho levemente flexionado, a cabeça inclinada, um sorriso, etc., são algumas maneiras de marcar simbolicamente a suave submissão ao homem cuja presença é sugerida de modo alusivo. Cobrir delicadamente com a mão um rosto sorridente ou alegremente surpreso é um gesto que acrescenta sedução ao mesmo tempo em que imita a frágil proteção de si mesma quando a emoção transborda. Entre as mãos do homem a mulher pode ser ritualmente dócil e amorosa: o homem alimenta a mulher que dirige avidamente a boca para o alimento, ela é sua criança caprichosa ou seu brinquedo. Através desse estudo magistral, ilustrado com imagens precisas, E. Goffman mostra que "a fotografia publicitária consiste numa ritualização de ideais sociais, de tal forma que tudo aquilo que impede o ideal de se manifestar é extirpado, suprimido". Purificar o mundo de sua complexidade para construir o "eterno feminino" e o homem "protetor e viril", segundo os estereótipos amplamente compartilhados, essa é a tarefa dos publicitários. "Eles exploram o mesmo *corpus* de espetáculos, o mesmo idioma ritual, assim como nós todos que participamos de situações sociais, e com o mesmo fim: tornar visível uma ação pressentida. No mais, eles nada mais fazem que tornar convencional nossas práticas, estilizar o que já o é, fazer uso friamente de imagens descontextualizadas, breve, sua mercadoria, ousamos dizer, é a hiperritualização"[58].

As qualidades morais e físicas atribuídas ao homem ou à mulher não são inerentes a atributos corporais, mas são inerentes à significação social que lhes damos e às normas de comportamento implicadas. O feminismo através da atividade militante tornou possível a reflexão sobre certas desigualdades sociais e sobre os estereótipos de discursos e atitudes, sobre as práticas sociais que fazem da mulher, como evidencia por outro lado Goffman, um ser frequentemente em exposição diante do homem e a ele subordina-

---

[58] • GOFFMAN, E. La ritualisation de la féminité. *Les moments et leurs hommes*. Paris: Seuil-Minuit, 1988, p. 185 [trad. fr.].

do. Nos anos 1970, o debate sobre a sexualidade, a contracepção, o aborto, etc., revelou os embates políticos dos quais o corpo da mulher podia ser objeto. E paralelamente, o do homem.

## IV - Corpo, suporte de valores

Num artigo sobre a preeminência da mão direita, Robert Hertz abriu um campo de estudos sobre a representação e os valores associados às partes do corpo humano ou ao próprio corpo humano. "À mão direita, escreve, são levadas as honras, as designações lisonjeiras, as prerrogativas. Ela age, ordena, pega. Ao contrário, a mão esquerda é desprezada e reduzida ao papel de simples auxiliar: nada pega por si só; dá assistência, auxilia, aguenta." R. Hertz discute a razão dessa assimetria que privilegia a mão direita em detrimento da esquerda, enquanto a educação poderia outorgar às duas mãos a mesma eficácia prática. Uma proibição social pesa sobre a utilização da mão esquerda e torna a vida dos canhotos bastante complicada. Valores e funções contrastados distinguem as duas partes do corpo. Essas atribuições contrárias, R. Hertz as faz derivar da polaridade fundadora do sagrado e do profano. Outras oposições surgem do mesmo dualismo: a luz e as trevas, o dia e a noite, o nascente e o poente, etc. "A sociedade, o universo inteiro tem um lado sagrado, nobre, precioso, e um outro, fêmea, fraco, passivo, ou, em duas palavras, um lado direito e um lado esquerdo. E seria o organismo humano o único simétrico? Refletindo sobre esse ponto, há aqui uma impossibilidade: tal exceção seria não somente uma anomalia inexplicável, mas arruinaria toda a economia do mundo espiritual... Se a assimetria orgânica não existisse teria sido necessário inventá-la"[59]. À direita estão associados a força, o benéfico, o nobre; à esquerda estão associadas a fraqueza, a falsidade, a imperícia, etc. "Uma mão esquerda com muitos dons naturais e muito ágil é sinal de uma natureza contrária à ordem, de uma predisposição perversa e demoníaca: qualquer canhoto, constata Hertz, é um possível feiticeiro do qual com razão desconfiamos." A mão direita é herdeira dos atributos do sagrado e a mão esquerda daqueles do profano. Destro e canhoto não são somente designações funcionais, mas também são valores morais.

[59] • HERTZ, R. La prééminence de la main droite – Étude sur la polarité religieuse. *Mélanges de sociologie religieuse et de folklore*. Paris: PUF, 1928.

Um trabalho clássico de Mary Douglas aponta que o corpo "é o modelo por excelência de qualquer sistema finito. Seus limites podem representar as fronteiras ameaçadas ou precárias. Como o corpo tem uma estrutura complexa, as funções das diferentes partes e as relações entre elas podem servir como símbolos a outras estruturas complexas. É impossível interpretar corretamente os ritos que recorrem aos excrementos, ao leite materno, à saliva, etc., se ignorarmos que o corpo é um símbolo da sociedade, que o corpo humano reproduz em escala reduzida os poderes e os perigos que se atribui à estrutura social"[60]. O corpo metaforiza o social e o social metaforiza o corpo. No interior do corpo são as possibilidades sociais e culturais que se desenvolvem.

Aos órgãos e às funções do corpo humano são atribuídos representações e valores diferentes de uma sociedade para outra. Algumas vezes, no interior de uma mesma sociedade, diferem também conforme as classes sociais em presença. Para nossas sociedades, por exemplo, os pés não têm valor: órgãos situados embaixo do corpo encarnam a escala mais baixa do valor. Tocando a terra, no limite do homem e do enraizamento no mundo, eles também são lugar de contato. Assim, o ato de mancar é com frequência o símbolo da comunicação com o além; o dançarino manco ou que salta num pé só, se mantém em equilíbrio entre dois mundos, manifesta a ambiguidade de sua posição de intercessor. A história do combate de Jacó e o anjo que deixa o homem mancando, ilustra bem o fato. As simbólicas respectivas das mãos[61], dos dentes[62] ou a do sangue[63] foram largamente estudadas. Os órgãos nobres (coração, pulmões, etc.) opõem-se aos órgãos mais "esquerdos" (rins, barriga, sexo, etc.).

O rosto é, de todas as partes do corpo humano, aquela onde se condensam os valores mais elevados. Nele cristalizam-se os sentimentos de identidade, estabelece-se o reconhecimento do outro,

---

60 • DOUGLAS, M. *De la souillure*. Paris: Maspero, 1971 [trad. fr.]. Cf. igualmente DOUGLAS, M. *Natural symbols* – Explorations in cosmology. Harmondsworth: Penguin Books, 1973.

61 • CARENINI, A. La symbolique manuelle. *Histoire des mœurs*. T. 2. Paris: Gallimard, "La Pléiade", 1991.

62 • Cf. LOUX, F. *L'ogre et la dent*. Paris: Berger-Levrault, 1981.

63 • ROUX, J.-P. *Le sang*: mythes, symboles et réalités. Paris: Fayard, 1988. • CROS, M. *Anthropologie du sang en Afrique*. Paris: L'Harmattan, 1990.

fixam-se qualidades da sedução, identifica-se o sexo, etc. A alteração do rosto, que expõe a marca de uma lesão, é vivida como um drama aos olhos dos outros, não raro como um sinal de privação de identidade. Um machucado, mesmo que grave, no braço, na perna ou na barriga não enfeia; não modifica o sentimento de identidade. O rosto é, ao mesmo título que o sexo, o lugar mais valorizado, o mais solidário do Eu. O comprometimento pessoal é tão maior quando um ou outro é atingido. Numerosas são as tradições nas quais o rosto é associado a uma revelação da alma. O corpo encontraria aí o caminho de sua espiritualidade, suas cartas de nobreza. O valor ao mesmo tempo social e individual que distingue o rosto do resto do corpo, sua eminência na apreensão da identidade é sustentada pelo sentimento que o ser inteiro aí se encontra. A infinitésima diferença do rosto é, para o indivíduo, o objeto de uma incansável interrogação: espelho, retratos, fotografias, etc.[64].

Um sistema de valores divide os diferentes órgãos e as diferentes funções do corpo humano, de acordo com as sociedades. No mundo moderno, a possibilidade de retirar e implantar órgãos levanta de modo aguçado a questão dos valores ligados à vida humana e à corporeidade. O corpo é aqui visto como um outro diferente do homem que encarnara. Através de uma forma eminentemente moderna de dualismo, o corpo perde seu antigo valor moral e vê crescer seu valor técnico (e até mesmo mercante). Hoje, os feitos da medicina e da biologia (transplantes, transfusão de sangue, próteses, manipulações genéticas, inseminação artificial, etc.) abriram caminho para novas práticas para as quais é anunciado um futuro de prosperidade. Elas deram ao corpo o valor de um objeto cujo preço é inestimável diante da demanda crescente. As necessidades de substâncias humanas dizem respeito a quatro utilizações diferentes: a pesquisa médica e biológica que solicita vários materiais humanos; a fabricação de produtos farmacêuticos; os transplantes; os usos tradicionais nos cursos de medicina para a formação dos médicos. O corpo é assim decomposto em peças, submetidas à razão analítica. Os avanços da medicina, principalmente no campo dos transplantes, levantam hoje em dia questões de cunho ético e moral de muito discernimento. As consequências humanas desses novos procedimentos fazem do homem uma possível matéria-prima. O corpo humano (e seus componentes) tende a se tornar

---

[64] • Cf. LE BRETON, D. *Des visages – Essai d'anthropologie*. Paris: Métailié, 1992.

um objeto como outros, que só é distinguido pela raridade de disponibilidade (consequência das resistências sociais.) O corpo humano aparece então como um *alter ego* do homem: continua sendo manifestação do homem, sem ser o homem, pois as operações foram de tal forma legitimadas que suscitariam o horror caso fossem feitas no homem por inteiro e não no corpo pensado, em conseqüência, como independente do homem.

A unidade humana encontra-se fragmentada, a vida toma a aparência de uma potência mecânica. O corpo, dividido em componentes, cai mais facilmente sob a lei da convertibilidade e da troca generalizada à medida que é suspensa a questão antropológica de seu estatuto[65].

# V - O corpo imaginoso do racismo

Ao mesmo tempo em que é lugar de valor, o corpo é lugar de imaginários, de ligações contestáveis cujas lógicas sociais é preciso compreender. O racismo repousa, entre outras coisas, sobre uma relação imaginária com o corpo. Ele finca raízes no interior dos alicerces passionais que alimentam a vida coletiva, alimentam projetos, mobilizações, mobilizam tolerâncias ou violências. O racismo é o exemplo de uma forma-pretexto, socialmente disponível, para acolher as paixões mais divergentes, as razões mais ambíguas e dar-lhes enfim ramificação. Reprimida a afetividade, as frustrações, as resignações são sugadas para essas formas vacantes que oferecem uma superfície de proteção a qualquer gradação possível de rancor. O racismo é derivado do imaginário do corpo. A "raça" é uma espécie de clone gigantesco que, na imaginação do racismo, faz de cada um dos membros fictícios que a compõem um eco incansavelmente repetido. A história individual, a cultura, a diferença são neutralizadas, apagadas, em prol do imaginado corpo coletivo, subsumido sob o nome de raça.

O processo de discriminação repousa no exercício preguiçoso da classificação: só dá atenção aos traços facilmente identificáveis (ao menos a seu ver) e impõe uma versão reificada do corpo. A diferença é transformada em estigma. O corpo estrangeiro torna-se corpo estranho. A presença do Outro se resume à presença de seu corpo: ele é seu corpo. A anatomia é seu destino. O corpo não é mais

---

65 • LE BRETON, D. *Anthropologie du corps et modernité*. Op. cit. • *La chair à vif* – Usages médicaux et mondains du corps humain. Paris: Métailié, 1993.

moldado pela história pessoal do ator numa dada sociedade, mas ao contrário, aos olhos do racista, são as condições de existência do homem que são os produtos inalteráveis de seu corpo. O ser do homem corresponde ao único desenvolvimento de sua anatomia. O homem nada mais é que um artefato da aparência física, do corpo imaginário ao qual a raça dá nome. Cartesiano na ruptura, não é mais ao espírito que o racismo dá importância, mas ao corpo. Lá onde o aspecto físico parece não existir para operar a descriminação, o racismo manifesta tesouros de imaginação. Assim, durante o período nazista, para identificar os judeus os médicos procediam a engenhosas medidas do nariz, da boca, da dentição, do crânio, etc. A estrela amarela colocada aos olhos dos passantes conduz essa lógica ao objetivo: já que os judeus não possuem sinais corporais suscetíveis de, à primeira vista, diferenciá-los da população, uma marca exterior os denunciaria de maneira inquestionável.

## VI - O corpo "deficiente"

A relação social estabelecida com o homem que tem uma "deficiência" é um profícuo analisador da maneira pela qual um grupo social vive a relação com o corpo e com a diferença. Ora, uma forte ambivalência caracteriza as relações entre as sociedades ocidentais e o homem que tem uma deficiência; ambivalência que vive no dia a dia, já que o discurso social afirma que ele é um homem normal, membro da comunidade, cuja dignidade e valor pessoal não são enfraquecidos por causa de sua forma física ou suas disposições sensoriais, mas ao mesmo tempo ele é objetivamente marginalizado, mantido mais ou menos fora do mundo do trabalho, assistido pela seguridade social, mantido afastado da vida coletiva por causa das dificuldades de locomoção e de infra estruturas urbanas frequentemente mal-adaptadas. E, quando ousa fazer qualquer passeio, é acompanhado por uma multidão de olhares, frequentemente insistente; olhares de curiosidade, de incômodo, de angústia, de compaixão, de reprovação. Como se o homem que tem uma deficiência tivesse que suscitar de cada passante um comentário.

Nossas sociedades ocidentais fazem da "deficiência"[66] um estigma, quer dizer, um motivo sutil de avaliação negativa da pessoa. Fala-se então de "deficiente" como se em sua essência o ho-

---

66 • Sobre a história do tratamento social da deficiência: STICKER, H.-J. *Corps infirmes et sociétés*. Paris: Aubier, 1982.

mem fosse um ser "deficiente" ao invés de "ter" uma deficiência. Na relação com o deficiente, o inválido, se interpõe um anteparo de angústia ou de compaixão que o ator válido se esforça para não revelar. "Pedimos ao indivíduo estigmatizado, diz Goffman, de negar o peso de seu fardo e de nunca fazer com que acredite que, ao carregá-lo, torna-se diferente de nós; ao mesmo tempo, exigimos que se mantenha a distância para que possamos manter a imagem que dele fazemos. Em outras palavras, sugerimos que aceite sua condição e que nos aceite, como forma de agradecimento pela tolerância natural que nunca realmente lhe concedemos. Assim, a aceitação imaginária está na origem da normalidade imaginária"[67]. O contrato tácito que preside o encontro do homem que tem uma deficiência e do homem "válido" se sustenta pelo fato do fingir que a alteração orgânica ou sensorial não cria nenhuma diferença, nenhum obstáculo, mesmo que a interação possa ser incomodada por esse fato que comumente adquire uma dimensão considerável.

Em condições comuns da vida social, as etiquetas de uso do corpo regem as interações: circunscrevem as ameaças suscetíveis de surgir do que não se conhece, dão origem a referências que asseguram o desenvolvimento da troca. Diluído assim no ritual, o corpo deve passar desapercebido, fundir-se nos códigos e cada ator deve poder encontrar no outro, como num espelho, as próprias atitudes e a imagem que não o surpreende nem o atemoriza. Como vimos, o apagamento ritualizado do corpo é socialmente costumeiro. Aquele que transgride os ritos que pontuam as interações, de modo deliberado ou para defender seu corpo, suscita o desconforto e a angústia. A regulação fluida da comunicação é rompida pelo homem que tem uma deficiência observável de imediato. É difícil a ritualização da parte do desconhecido: como abordar esse homem na cadeira de rodas ou com o rosto desfigurado? Como reagirá o cego à eventual ajuda para atravessar a rua, ou o tetraplégico que tem dificuldades para descer da calçada com sua cadeira? Diante desses atores, o sistema de expectativa não é mais aceito, o corpo se apresenta de repente com uma evidência inevitável, ele se torna incômodo, não está mais atenuado para o bom funcionamento do ritual. Torna-se difícil negociar uma definição mútua de inserção

---

[67] • GOFFMAN, E. *Stigmate* – Les usages sociaux des handicaps. Paris: Minuit, 1975, p. 145 [trad. fr.]. Cf. também DAVIS, F. Deviance disavowal: the management of strained interaction by the visibly handicapped. *Social Problems*, n. 9, 1961, p. 121-132.

fora das referências costumeiras. Um "jogo" sutil se imiscui no relacionamento gerando a angústia ou o mal-estar. Essa incerteza não poupa mais o homem com deficiência que se questiona, a cada novo encontro, como será aceito e respeitado em sua dignidade. O ator que dispõe da integridade física tem então tendência a evitar se infligir um mal-estar desagradável.

A impossibilidade de identificação com o outro está na origem de qualquer prejuízo que pode encontrar um ator social pelo caminho: porque é velho ou moribundo, enfermo, desfigurado, de pertencimento religioso ou cultural diferente, etc. A modificação desfavorável é socialmente transformada em estigma, a diferença gera a contestação. O espelho do outro é incapaz de explicar o próprio espelho. Por outro lado, a aparência intolerável coloca em dúvida um momento peculiar de identidade chamando a atenção para a fragilidade da condição humana, a precariedade inerente à vida. O homem portador de deficiência lembra, unicamente pelo poder da presença, o imaginário do corpo desmantelado que assombra muitos pesadelos. Ele cria uma desordem na segurança ontológica que garante a ordem simbólica. As reações que provoca tecem uma sutil hierarquia do terror; classificadas conforme o índice de derrogação às normas de aparência física. Quanto mais a deficiência é visível e surpreendente (um corpo deformado, um tetraplégico, um rosto desfigurado, por exemplo), mais suscita a atenção social indiscreta que vai do horror ao espanto e mais o afastamento é declarado nas relações sociais. A deficiência, quando é visível, é um poderoso atrativo de olhares e de comentários, um operador de discursos e de emoções. Nessas circunstâncias, a tranquilidade que qualquer ator pode gozar nos deslocamentos e no desenrolar de sua vida quotidiana surge como uma honra, uma garantia de situação conforme. O homem que sofre de uma deficiência visível, quanto a ele, não mais pode sair de casa sem provocar os olhares de todos. Essa curiosidade incessante é uma violência tão mais sutil que ela não se reconhece como tal e se renova a cada passante que é cruzado.

O homem deficiente é um homem com estatuto intermediário, um homem do meio-termo. O mal-estar que suscita vem igualmente da falta de clareza que cerca sua definição social. Ele nem é doente nem é saudável, nem morto, nem completamente vivo, nem fora da sociedade, nem dentro dela, etc.[68] Sua humanidade não é posta em questão e, no entanto, ele transgride a ideia habitual de humano. A ambivalência que a sociedade mantém a seu respeito é uma espécie de réplica à ambiguidade da situação, a seu caráter durável e intocável.

✧ ✧

[68] • MURPHY, R. *Vivre à corps perdu*. Paris: Plon, 1987 [trad. fr.].

## Capítulo VI

# Campos de pesquisas 3:
# O corpo no espelho do social

O corpo também é, preso no espelho do social, objeto concreto de investimento coletivo, suporte de ações e de significações, motivo de reunião e de distinção pelas práticas e discursos que suscita. Nesse contexto o corpo é só um analisador privilegiado para evidenciar os traços sociais cuja elucidação é prioridade aos olhos do sociólogo, por exemplo, quando se trata de compreender os fenômenos sociais contemporâneos.

## I - As aparências

A aparência corporal responde a uma ação do ator relacionada com o modo de se apresentar e de se representar. Engloba a maneira de se vestir, a maneira de se pentear e ajeitar o rosto, de cuidar do corpo, etc., quer dizer, a maneira quotidiana de se apresentar socialmente, conforme as circunstâncias, através da maneira de se colocar e do estilo de presença. O primeiro constituinte da aparência tem relação com as modalidades simbólicas de organização sob a égide do pertencimento social e cultural do ator. Elas são provisórias, amplamente dependentes dos efeitos de moda. Por outro lado, o segundo constituinte diz respeito ao aspecto físico do ator sobre o qual dispõe de pequena margem de manobra: altura, peso, qualidades estéticas, etc. São esses os traços dispersos da aparência, que podem facilmente se metamorfosear em vários indícios, dispostos com o propósito de orientar o olhar do outro ou para ser classificado, à revelia, numa categoria moral ou social particular. Essa prática da aparência, na medida em que se expõe à avaliação de testemunhas, se transforma em engajamento social, em meio deliberado de difusão de informação sobre si, como atualmente ilustra a importância tomada pelo *look* no aliciamento, na publicidade ou no exercício meticuloso do controle sobre si que as agências de comunicação tentam promover para uso dos homens públicos, principalmente os políticos. Assim, M. Pagès-Delon faz das aparências corporais uma espécie de "capital" para os atores so-

77

ciais. "Capital-aparência"[69] cujas fontes devem ser gerenciadas da melhor maneira possível para que o melhor rendimento possa ser alcançado ou simplesmente para que não se prejudique por demasiada negligência.

A apresentação física de si parece valer socialmente pela apresentação moral. Um sistema implícito de classificação fundamenta uma espécie de código moral das aparências que exclui, na ação, qualquer inocência. Imediatamente faz de qualquer um que possua hábito, monge incontestável. A ação da aparência coloca o ator sob o olhar apreciativo do outro e, principalmente, na tabela do preconceito que o fixa de antemão numa categoria social ou moral conforme o aspecto ou o detalhe da vestimenta, conforme também a forma do corpo ou do rosto. Os estereótipos se fixam com predileção sobre as aparências físicas e as transformam naturalmente em estigmas, em marcas fatais de imperfeição moral ou de pertencimento de raça.

Um mercado em pleno crescimento renova permanentemente as marcas que visam a manutenção e a valorização da aparência sob os auspícios da sedução ou da "comunicação". Roupas, cosméticos, práticas esportivas, etc., formam uma constelação de produtos desejados destinados a fornecer a "morada" na qual o ator social toma conta do que demonstra dele mesmo como se fosse um cartão de visitas vivo.

Lugar privilegiado do bem-estar e do parecer bem através da forma e da manutenção da juventude (frequência nas academias, ginástica, *body building*, cosméticos, dietética, etc.), o corpo é objeto de constante preocupação. Trata-se de satisfazer a mínima característica social fundada na sedução, quer dizer, no olhar dos outros. O homem mantém com o corpo, visto como seu melhor trunfo, uma relação de terna proteção, extremamente maternal, da qual retira um benefício ao mesmo tempo narcíseo e social, pois sabe que, em certos meios, é a partir dele que são estabelecidos os julgamentos dos outros. Na modernidade, a única extensão do outro é frequentemente a do olhar: o que resta quando as relações sociais se tornam mais distantes, mais medidas.

---

[69] • PAGÈS-DELON, M. *Le corp set sés apparences* – L'envers du look. Paris: L'Harmattan, 1989. Cf. igualmente RAUCH, A. Parer, paraître, apparaître – Histoire de la présence corporelle. *Ethnologie française*, XIX, 2, 1989.

# II - Controle político da corporeidade

A questão do poder e principalmente da ação do político sobre a corporeidade, objetivando o controle do comportamento do ator, é um dado central da reflexão das ciências sociais nos anos 1970. A lei Neuwirth em 1967, legitimando a contracepção, a lei Veil, liberando o aborto, para tomar exemplos na sociedade francesa, são os indicadores políticos da mudança nas mentalidades e nos costumes que vai se traduzir na revolta da juventude e o marco histórico de 1968, a liberdade sexual, o feminismo, o esquerdismo, a crítica ao esporte levada a efeito pela revista *Quel corps?*, etc. Várias são as abordagens críticas consagradas à corporeidade que, em sociologia ou em outras ciências, tomam a dimensão política como centro organizador da análise. Os trabalhos de Jean-Marie Brohm a esse respeito são exemplares, pois pretendem mostrar que "qualquer política é imposta pela violência, pela coerção e pela imposição sobre o corpo". Toda a ordem política vai de encontro à ordem corporal. A análise leva à crítica do sistema político identificado com o capitalismo que impõe a dominação moral e material sobre os usos sociais do corpo e favorece a alienação. J.-M. Brohm não se cansa de denunciar, na prática esportiva, o mesmo confinamento no sistema corporal que rejeita[70].

Essa perspectiva marxista faz do aparelho do Estado a instância suprema do poder de classe. A publicação em 1975 de *Vigiar e punir* de Michel Foucault introduz uma ruptura ao mesmo tempo epistemológica e política na orientação de análise anterior. M. Foucault constata que as sociedades ocidentais inscrevem seus membros nas malhas apertadas do feixe de relações que controla os movimentos. Funcionam como "sociedades disciplinares". Longe de encontrar seu centro de radiação na supremacia do aparelho ou instituição como o Estado, a disciplina molda um novo tipo de relação, um modo de exercício do poder, que atravessa as instituições de diversos tipos fazendo-as convergir para um sistema de obediência e de eficácia. M. Foucault desloca os pontos de referência de análise até então usados e chama a atenção para as modalidades eficazes e difusas do poder quando se exercem sobre o corpo, para

---

70 • BROHM, J.-M. *Corps et politique*. Paris: Delarge, 1975. • *Sociologie politique du sport*. Paris: Delarge, 1976. J.-M. Brohm é moderador da revista *Quel corps?*, dentre os quais um dos objetivos é pensar a corporeidade e suas ligações com o político. *Quel corps?* deixou de ser publicada em 1997, após a derradeira diretriz de J.-M. Brohm intitulada *Autodissolution*.

além das instâncias oficiais do Estado. O investimento político do corpo depende mais da forma de organização difusa que impõe sua marca sem que necessariamente seja elaborada e objeto de discurso. Ela constrói um dispositivo frequentemente artesanal, mas que orienta as formas físicas requisitadas, favorece o controle do espaço e do tempo, produz no ator as marcas da obrigação de fidelidade que demonstram sua boa vontade. O campo político, que se empenha em organizar as modalidades corporais segundo as finalidades que lhe são próprias, evoca uma tecnologia meticulosa dos corpos, uma política do detalhe, muito mais que a tomada em mão sem mediação do Estado, meio de dominação das classes dominantes. A disciplina, estendendo difusamente sua atuação através do campo social, vem se substituir à noção de um controle social que se apoia unicamente nos aparelhos repressivos. As teses marxistas são bombardeadas. "Essa microfísica, escreve Foucault, supõe que o poder que aí é exercido não seja concebido como propriedade, mas como estratégia, que seus efeitos de dominação não sejam atribuídos à 'apropriação', mas às disposições, às manobras, às táticas, aos funcionamentos". O poder não é um privilégio que pode mudar de mãos como se fosse um instrumento, ele é um sistema de relação e imposição de normas. "É preciso, em suma, admitir que o poder é muito mais exercido que possuído, que ele não é 'privilégio' adquirido ou conservado da classe dominante, mas o efeito de conjunto de suas posições estratégicas"[71].

As conclusões de M. Foucault derrubam a perspectiva marxista. Nessa obra, onde o corpo é somente um revelador precioso, um pretexto a ser ressaltado na análise do poder nas sociedades modernas, M. Foucault aborda a prisão como "figura concentrada e austera de todas as disciplinas". No final do estudo meticuloso, M. Foucault demonstra que as disciplinas se instauram no decorrer do século XVII e do século XVIII como formas de dominação visando produzir a eficácia e a docilidade dos atores através do cuidado meticuloso da organização da corporeidade. Aumento da força de rendimento e entraves às possibilidades pessoais de oposição, coações leves e eficazes sobre os movimentos e extensões do corpo, tais são as orientações cujos efeitos conjugados dão às disciplinas um poder de ação e de controle.

---

[71] • FOUCAULT, M. *Surveiller et punir*. Paris: Gallimard, 1975, p. 31.

A "anatomia política do detalhe", constitutiva desses dispositivos [de controle], é encontrada por M. Foucault não só na organização do sistema penitenciário, mas também na organização das escolas, dos colégios, dos hospitais, do exército, ou das montadoras. O controle da atividade implica o controle do tempo dos atores envolvidos, a elaboração gestual da ação que a decompõe em elementos sucessivos até que seja conseguida a mais completa correlação do corpo e do gesto a fim de se alcançar ao melhor rendimento. Uma preocupação de uso exaustivo esforça-se para não deixar de lado nenhum dos recursos físicos e morais do ator. O modelo do quadriculado, para que suscite utilidade e docilidade dos homens através do domínio da corporeidade, encontra no panotismo sua figura ideal e podendo, no limite, fazer economia da presença dos indivíduos encarregados de cuidar do bom andamento do dispositivo. "Aquele que está submetido ao campo de visibilidade e que sabe disso, escreve Foucault, retoma para si as imposições do poder; inscreve em si a relação de poder na qual mantém os dois papéis; torna-se príncipe da própria sujeição". O abandono da hipótese repressiva na *História da sexualidade* (1976) dá origem a numerosos debates. Mas Foucault continua a reflexão sobre o "poder sobre a vida" que, segundo ele, caracteriza as sociedades ocidentais contemporâneas na encruzilhada de uma "anatomopolítica do corpo humano" e de uma "biopolítica da população". Sua obra posterior marca, com *O uso dos prazeres* (1984) e *O cuidado de si* (1984), um desvio na direção do sujeito e da ética, através da ampla reflexão sobre as morais sexuais da Antiguidade. A obra de M. Foucault conhece numerosos seguidores, principalmente nas páginas da revista *Recherches*.

## III - Classes sociais e relações com o corpo

Nas sociedades heterogêneas, as relações com a corporeidade inscrevem-se no interior das classes e culturas que orientam suas significações e seus valores. Hoje, sem dúvida, sob a égide do consumo e sob o efeito do crescimento das classes médias, sob o efeito também da emergência da sensibilidade individualista que dá ao ator uma margem de manobra menos estreita que anteriormente, as oposições não são tão nítidas quanto foram nos anos 1960-1970. A reflexão sobre a determinação, em termos de classes sociais, das representações e das atitudes com relação ao corpo é marcada pela sociologia de Pierre Bourdieu e principalmente pelo artigo de fundo de L. Boltanski sobre "Os usos sociais do corpo". "O corpo, escreve P. Bourdieu, é a objetivação menos irrefutável do gosto de classe[72]". As conformações externas corporais seriam as representações de compleições físicas mais amplas envolvendo o conjunto das condutas próprias aos "agentes" de uma classe social. A compleição física é uma fórmula geradora de comportamentos e de representações ligados à posição de classe. "As regras, escreve L. Boltanski, que determinam as condutas físicas dos sujeitos sociais, e cujo sistema constitui sua "cultura somática", são o produto das condições objetivas retraduzidas na ordem cultural, quer dizer, na maneira do dever ser e, mais precisamente, são função do grau com que os indivíduos retiram os meios materiais de existência da atividade física, da venda das mercadorias que são o produto dessa atividade, ou do modo como usa a força física e de sua venda no mercado de trabalho"[73].

Na mesma linha de sensibilidade de Pierre Bourdieu, ela própria herdeira do marxismo, L. Boltanski utiliza um certo número de indicadores (alimentares, médicos, relações com a dor, cuidados corporais e de beleza, etc.) e de enquetes sociais a fim de delimitar os "usos sociais do corpo" ou, mais que isso, as compleições físicas corporais próprias às diferentes classes sociais. Constata que as classes populares mantêm uma relação mais instrumental com o corpo. A doença, por exemplo, é ressentida como um entrave à atividade física, principalmente profissional. A queixa dirigida ao médico diz respeito, sobretudo, à "falta de força". A doença retira dos membros dessa camada social a possibilidade de fazer do corpo um uso (profissional, sobretudo) habitual e familiar. Dessa forma, não prestam nenhuma atenção especial ao corpo e o utilizam sobretudo como um "instrumento" ao qual demandam boa qualidade de funcionamento e de resistência. A valorização da força lhes confere a uma maior tolerância à dor, "eles não admitem, sobretudo, sentirem-se doentes". Certamente, nunca ter sido afastado por doença foi, durante muito tempo, motivo de orgulho e valor respeitado por inúmeros operários.

---

[72] • BOURDIEU, P. *La distinction* – Critique sociale du jugement. Paris: Minuit, 1979, p. 210.

[73] • BOLTANSKI, L. Les usages sociaux du corps. *Annales ESC*, n. 1, 1974, p. 22. Um comentário interessante desse estudo de L. Boltanski: CLÉMENT, S. D'un usage sociologique du corps. *Cahiers du Centre de Recherches sociologiques*, n. 5, 1987.

Ao contrário, as enquetes dos anos 1960 evidenciam, para as classes sociais privilegiadas, uma relação mais atenta com o corpo. As classes mais privilegiadas têm tendência a estabelecer uma fronteira mais tênue entre saúde e doença e a adotar, com relação a esta última, uma atitude mais preventiva para evitar qualquer surpresa. "Na medida em que subimos na hierarquia social, que o nível de instrução cresce e que diminui correlativa e progressivamente a importância do trabalho manual em relação ao trabalho intelectual, o sistema de regras que rege a relação do indivíduo com o corpo é igualmente modificado. Quando a atividade profissional é essencialmente uma atividade intelectual que não exige nem força nem competência física particular, os sujeitos sociais tendem a estabelecer uma relação consciente com o corpo e a tomar mais cuidado com as sensações orgânicas e à expressão dessas sensações e, em segundo lugar, a valorizar 'graça', a 'beleza', a 'forma física' em detrimento da força física."

Dez anos mais tarde, P. Bourdieu em *La distiction* (1979), um estudo sistemático sobre as práticas e gostos culturais, inscreve numa perspectiva mais ampla os dados analisados por L. Boltanski para os anos 1960: apresentação de si, cuidados de beleza, cuidados com o corpo, maneiras à mesa, consumo de alimentos, práticas físicas e esportivas, no tocante à corporeidade respondem, segundo P. Bourdieu, a compleições físicas de classe interiorizadas pelos agentes e incorporando-se aos comportamentos. No entanto, a lógica econômica que preside, no "estruturalismo crítico" de Bourdieu, a determinação social dos comportamentos não deixa espaço para a inovação ou para a imaginação dos atores. Ela os aprisiona na reprodução de compleições físicas e parece desconhecer os aspectos contemporâneos de uma sociedade onde o provisório é a única permanência e onde o imprevisível leva frequentemente vantagem sobre o provável. O problema que permanece é o da mudança, do homem não mais "agente", mas "ator" da existência social.

P. Bourdieu revela nas práticas físicas e esportivas a correlação entre as condições sociais de existência e o aspecto exterior associado como estrutura que alimenta os estilos de vida. Uma prática esportiva é tão mais valorizada socialmente à medida que encabeça uma certa visão do corpo, própria aos "agentes" da classe social, e é tão menos apreciada na medida em que se afasta dessa visão. "Seria fácil provar, escreve Bourdieu, que as diferentes classes não concordam sobre as vantagens que podem tirar das práticas esportivas, sejam vantagens propriamente corporais, das quais não vem ao caso discutir a realidade ou a imaginação, já que são realmente esperadas, tais como os efeitos sobre o exterior do corpo como a esbelteza, a elegância ou a musculatura visível; sejam os efeitos sobre o interior do corpo como a saúde ou o equilíbrio físico..." Essas hipóteses foram retomadas por um conjunto de pesquisadores reunidos por C. Porciello e aplicadas sobre uma série de práticas esportivas[74]. Resta fazer uma retomada desses estudos após as mudanças sociais que nossas sociedades ocidentais sofreram nos últimos vinte anos[75].

# IV - Modernidades

No campo de manipulação de símbolos que caracteriza o consumo, Jean Baudrillard faz do corpo "o mais belo objeto" do investimento individual e social. Desde 1970, em *A sociedade de consumo*, deixa claro os limites e as ambiguidades da "libertação do corpo". "Sua redescoberta, escreve, após uma era milenar de puritanismo, sob o signo da libertação física e sexual, sua inteira presença... na publicidade, na moda, na cultura de massa, ou no culto da higiene, da dietética, da terapêutica no qual ele é envolvido, a obsessão de juventude, de elegância, de virilidade/feminilidade, os cuidados, os regimes, as práticas de sacrifício a ele ligadas, o mito do prazer que o envolve – tudo testemunha hoje que o corpo tornou-se objeto de reverência"[76]. A retórica da alma foi substituída pela do corpo sob a égide da moral do consumo. Um imperativo de prazer impõe ao ator, à revelia, práticas de consumo visando aumentar o hedonismo de acordo com um jogo de marcas distintivas. O corpo é promovido ao título de "significante de *status* social". Esse processo de valorização de si, através do uso de marcas distintivas e mais eficientes do ambiente imediato, depende de uma forma sutil de controle social. O cuidado de si mesmo, inerente a esses usos, revela uma versão paradoxal do narcisismo, "radicalmente distinto, diz Baudrillard, daquele do gato ou da criança na medida em que se

---

[74] • PORCIELLO, C. *Sports et société*. Paris: Vigot, 1981.

[75] • Para uma abordagem mais contemporânea: LORET, A. *Génération, glisse*. Paris: Autrement, 1995. • LE BRETON, V. *Passion du risque*. Paris: Métailié, 2000.

[76] • BAUDRILLARD, J. *La société de consommation*. Paris: Gallimard, 1970, p. 200.

coloca sob o signo do valor. É um narcisismo dirigido e funcional da beleza a título da valorização e da troca dos símbolos"[77].

Dessa versão moderna do individualismo que é o narcisismo, Gilles Lipovetsky é um analista meticuloso, indo ao encontro de J. Baudrillard e dialogando com sociólogos americanos como Christopher Lasch e Richard Sennett. Indo além da "dessublimação repressiva" de Marcuse, nota por sua vez que "a personificação do corpo exige o imperativo de juventude, a luta contra a adversidade temporal, o combate para que nossa identidade conserve sem hiato nem pane..., simultaneamente... o narcisismo, cumpre uma missão de normalização do corpo. O interesse febril que dedicamos ao corpo não é de modo algum espontâneo e "livre", é a resposta a imperativos sociais tais como a "linha", a "forma", o "orgasmo", etc."[78]

Após longo período de discrição, o corpo hoje se impõe como lugar de predileção do discurso social. Eliane Perrin analisou o entusiasmo pelas terapias corporais (bioenergia, grito primal, gestaltterapia, expressão corporal, massagens com técnicas californianas, etc.) a partir do final dos anos 1960. Promoção de uma visão dualista do homem que o separa em espírito e corpo e propõe agir sobre o corpo para modificar o espírito. "O inconsciente é um dos pontos de dificuldade desse neonarcisismo, o eu tendo sempre de interromper a influência dos processos de incompreensão e recalque", observa com razão G. Vigarello, e continua: "Podemos compreender a nova importância do corpo no sonho de tornar finalmente visível o inconsciente fugitivo e inatingível... O desbloqueio articular é assimilado inadvertidamente ao desbloqueio psicológico"[79]. Eliane Perrin encontra nos adeptos dessas práticas um perfil recorrente: "Podemos imaginar que os indivíduos menos "à vontade", os mais fisicamente "encurralados", "bloqueados", "reprimidos", tanto na expressão real como simbólica do corpo, são aqueles que as relações de trabalho expõem à agressividade mais direta, enquanto a profissão lhes proíbe manifestar, em troca, a menor agressividade... Essas categorias interiorizariam seu mal-es-

---

77 • Id. *L'échange symbolique et la mort*. Paris: Gallimard, 1976, p. 172.

78 • LIPOVETSKY, G. *L'ère du vide*. Paris: Gallimard, 1983, p. 69-70. Sobre o narcisismo, cf. SENNETT, R. *Les tyrannies de l'intimité*. Paris: Seuil, 1979 [trad. fr.]. • LASCH, C. *Le complexe de Narcisse*. Paris: Laffont, 1980 (trad. fr.).

79 • VIGARELLO, G. Les vertiges de l'intime. *Esprit*, n. 2, 1982, p. 72.

tar social em mal-estar físico"[80]. As profissões liberais, os quadros superiores e médios formam o essencial dos efetivos das terapias corporais. Essa população desempenha, sobretudo, uma função no campo da saúde, do trabalho social e da educação; ela está dividida entre a lei e a satisfação da clientela, entre os sentimentos e seus meios limitados, assume responsabilidades, mas sob a tutela da autoridade que a controla, etc. Através do clima de confiança que suscita, o espaço terapêutico suspende provisoriamente qualquer reticência; a expressão dos sentimentos é encorajada num contexto que, entretanto, mede suas consequências. As frustrações podem ser ditas, a raiva enfim cria corpo. Inscritos em um novo imaginário social ("liberação" do corpo, da sexualidade, dos sentimentos; contestação da família, do casal; cuidado de si, etc.), esses jogos e esses discursos loquazes que colocam o corpo em destaque, ilustram esse dispositivo social de controle que a intimidade do ator solicita, orientando suas condutas, mas deixando-lhe o sentimento de completa autonomia.

Outros trabalhos indicam, no mesmo contexto, a transformação do corpo numa espécie de íntimo companheiro de estrada do ator. O corpo torna-se parceiro daquele de quem se exige a melhor apresentação, as sensações mais originais, a boa resistência, a juventude eterna, a ostentação das marcas distintivas mais eficazes. Em tempos de crise do casal ou da família, de "multidão solitária" e de dispersão de referências, o corpo torna-se um espelho fraternal, um outro eu com quem coabitar. Torna-se o outro mais próximo. Retirando-se parcialmente das antigas solidariedades sociais, assumindo uma certa atomização de sua condição, o indivíduo é convidado a descobrir o corpo como forma disponível à ação ou à descoberta, um espaço cuja sedução é necessário manter e cujos limites vislumbrados é preciso explorar. O corpo é o lugar-tenente do indivíduo, o parceiro. É precisamente a perda da "carne do mundo" que força o ator a se inclinar sobre o corpo para dar carne à existência.

Recria-se a sociabilidade ausente abrindo em si mesmo uma espécie de espaço de diálogo que assimila o corpo à possessão de um objeto familiar. Ao alcance das mãos, de certa forma, o indivíduo descobre através corpo uma forma possível de transcendência pessoal e de contato. O corpo não é mais uma máquina inerte, mas

---

[80] • PERRIN, E. *Cultes du corps* – Enquête sur les nouvelles pratiques corporelles. Lausanne: Pierre-Marcel Favre, 1985, p. 124.

um *alter ego* de onde emanam sensação e sedução. Ele se transforma no lugar geométrico da reconquista de si, um território a ser explorado na procura de sensações inéditas a serem capturadas (terapias corporais, massagens, danças, etc.). É encontrado o parceiro compreensivo e o cúmplice que faltava ao nosso lado. O dualismo da modernidade não mais opõe a alma ao corpo, mais sutilmente opõe o homem ao corpo como se fosse um desdobramento. Destacado do homem, transformado em objeto a ser moldado, modificado, modulado conforme o gosto do dia, o corpo se equivale ao homem, no sentido em que, se modificando as aparências, o próprio homem é modificado. Nessa vertente da modernidade, o corpo é associado a um valor incontestável. Ele é psicologizado e torna-se um lugar alegremente habitável graças a esse suplemento de alma (suplemento de símbolo).

A preocupação com a aparência, a ostentação, o desejo de bem-estar que leva o ator a correr ou a se desgastar, a velar pela alimentação ou a saúde, em nada modifica, no entanto, a ocultação do corpo que reina na sociabilidade. A ocultação do corpo continua presente e encontra o melhor ponto de análise no destino dado aos velhos, aos moribundos, aos deficientes ou no medo que todos temos de envelhecer. Um dualismo personalizado de algum modo se amplia, é necessário não confundi-lo com "libertação". A esse respeito, o homem só será "libertado" quando qualquer preocupação com o corpo tiver desaparecido[81].

## V - Risco e aventura

A aventura e os riscos que assumimos, o gosto pelo "extremo", desenham uma constelação de novas práticas que visam expor fisicamente o corpo com grandes esforços e até mesmo perigo. P. Yonnet analisou, desde o início, a "cultura do enduro" que se traduz por provas extenuantes como maratonas, reides, caminhadas em terrenos planos ou íngremes, etc. Ele coloca em relação homológica essas práticas com "a abrangente crise, ao mesmo tempo econômica, energética e ideológica que abala o Ocidente"[82]. O gosto pelo enduro passa hoje em dia por crescente desenvolvimento. Novas práticas, abertas para a aventura e a plena natureza, surgem no

---

81 • LE BRETON, D. *Anthropologie du corps et modernité*. Op. cit., caps. 6 a 8.

82 • YONNET, P. *Joggers et marathoniens*. – Jeux, modes et masses. Paris: Gallimard, 1985, p. 121.

decorrer dos anos 1980 e apostam na estética do gesto, na procura da sensação, na relação durável e desgastante com o mundo, porém numa perspectiva lúdica. A esse sujeito, o gosto pelo *rafting* é revelador[83].

A paixão moderna pelas atividades de risco nasce da profusão dos sentidos que o mundo contemporâneo sufoca. A perda de legitimidade dos referenciais de sentido e de valores, sua equivalência geral numa sociedade onde tudo se torna provisório, desestabiliza o panorama social e cultural. A margem de autonomia do ator se amplia, mas traz consigo o medo ou o sentimento de vazio. Vivemos hoje numa sociedade problemática, sociedade em constante construção na qual o exercício da autonomia pessoal dispõe de amplitude considerável. Somos chamados a nos tornar empreendedores de nossas próprias vidas[84]. O indivíduo tende cada vez mais a se autorreferenciar, a procurar em si o que antes procura no sistema social de sentidos e de valores no qual a existência se inscrevia. A procura de sentidos é fortemente individualizada. Cada ator só pode hoje em dia responder de maneira pessoal à questão da significação e do valor da existência. As respostas são mais pessoais, solicitam os recursos criativos do indivíduo. Daí a desilusão ressentida pelos atores quando confrontados às questões cujas respostas não estão presentes. A amplitude alargada das escolhas se paga paradoxalmente numa incerteza sem precedentes.

Na ausência de limites de significação que a sociedade não oferece mais, o indivíduo procura ao seu redor, fisicamente, os limites de fato. Experimenta nos obstáculos e na relação frontal com o mundo a oportunidade de encontrar os referenciais que são necessários para sustentar a identidade pessoal. O real tende a substituir o simbólico; os riscos assumidos adquirem uma importância sociológica considerável. Quando os limites dados pelo sistema de sentidos e valores perdem sua legitimidade, as explorações dos "extremos" ganham impulso: busca de performances, de proezas, de velocidade, de imediatismo, de frontalidade, aumento do risco, uso exagerado dos recursos físicos. O contato bruto com o mundo através do uso das potencialidades físicas substitui o contato cauteloso que proporcionava o campo simbólico. Trata-se a partir daí de

[83]  • Cf., por exemplo, LORET, A. *Génération glisse*. Paris: Autrement, 1995.

[84]  • EHRENBERG, A. *Le culte de la performance*. Paris: Calmann-Lévy, 1991.  • *L'individu incertain*. Paris: Calmann-Lévy, 1995.

experimentar, às custas do corpo, a capacidade íntima de olhar a morte de frente sem fraquejar. Somente esse contato, mesmo que puramente metafórico, parece ter força suficiente para impulsionar, de maneira durável, uma relação com o mundo carregada de sentido, na qual o gosto pela vida se reconstitui. Quando a sociedade é incompetente em sua função antropológica de orientação da existência, resta interrogar a morte para saber se viver ainda tem sentido. Somente a morte solicitada simbolicamente, como se fosse um oráculo, pode expressar a legitimidade de existir. Ela é uma instância geradora de sentido e de valor quando a ordem social se esquiva desse papel[85].

## VI - O corpo supranumerário

Mais difuso, por outro lado, outro imaginário do corpo enfatiza a precariedade da carne, a falta de resistência, a imperfeição na apreensão sensorial do mundo, o envelhecimento progressivo das funções e dos órgãos, a falta de confiabilidade de seus desempenhos e a morte sempre ameaçadora. Esse modelo, ao mesmo tempo em que parece fazer do corpo um membro supranumerário do homem, encoraja a dele se desfazer. Esse imaginário do descrédito censura o corpo pela pouca influência sobre o mundo. O ator volta-se então, com ressentimento, contra o corpo marcado pelo pecado original de não ser um puro objeto da criação tecnocientífica. Mesmo não sendo necessariamente explícito, embora muitas vezes o seja de modo mais ou menos consciente, esse imaginário é o motivo que anima muitas pesquisas técnicas e científicas e numerosas práticas cujo intuito é remediar as incertezas do orgânico pela adição de procedimentos técnicos, de métodos de gestão que fazem do corpo, supostamente e graças a seu auxílio, um objeto maleável e sólido, esperando que seja completamente desnecessário. O corpo é hoje frequentemente percebido como um arcaísmo, a relíquia indigna de uma condição humana que entra na era da pós-humanidade.

O homem é diferente da coisa, principalmente da máquina, quando a nomeia, quando a integra ao sistema de significações e de valores ou mesmo quando decide ver nela um valor superior

---

85 • LE BRETON, D. *Passion du risque*. Paris: Métailié, 1991 [4. ed. corrigida, 2000].

ao próprio valor. O homem faz de sua criação a evidência de sua indignidade. Lógica absurda, mas que lembra que a condição do homem é tramada na dimensão simbólica e que pertence ao homem decretar que o homem é pouca coisa, e até mesmo nada, diante de outras instâncias cuja superioridade é confirmada. O mesmo ocorre com o corpo humano, rebaixado ao modelo da máquina, destituído do valor da encarnação, da presença do homem, visto como um objeto entre outros. Hoje, assistimos à consideração com todas as letras da metáfora que leva a fazer do corpo humano um material disponível. Mas, através dos avanços tornados possíveis pela distinção ambígua do homem e do corpo, e pela assimilação mecânica do biológico, quanto mais o corpo perde o valor moral, mais cresce o valor técnico e mercadológico. O corpo e seus componentes transformam-se em matéria-prima preciosa e rara, visto que ainda submetida à cláusula de consciência e ao debate no campo social. A estrutura que compõe o corpo humano é dividida em peças materiais que, em sua maioria, fazem parte do registro da possessão, são assimiladas a bens patrimoniais do indivíduo. Colocado em outro plano de valor, fazendo parte da lógica mercadológica ou quase, essas peças são objeto de comércio e tráfico para certos países (rins, testículos, sangue, etc.) ou de operações de retirada e transplantes, são isolados desse homem imponderável: aluguel de útero, procura de embriões congelados, manipulação genética, etc.

A humanidade torna-se noção à modulação variável. Uma ficção meio problemática define então o homem e supõe à sua volta, dando-lhe carne, uma série de órgãos e funções eventualmente destacáveis que fazem dele uma espécie de espectro cujos componentes podem ser retirados, entrando para o registro inédito do objeto biológico humano; em certas circunstâncias, suscetível de ser retirado inteiramente quando médicos solicitam fazer experimentos em homens em estado de "morte cerebral", ou quando a hora é chegada para alguns de deixar os corpos para o manipulador da medicina legal ou estudantes em anfiteatros. A corporeidade, que dá ao homem a carne de sua relação com o mundo, quebra em pedaços e se transforma num quebra-cabeça biológico constituído a partir de um modelo da mecânica humana na qual cada elemento é substituível por outro, eventualmente com melhor desempenho. O homem, fonte de sagrado na medida em que simboliza o mundo que o envolve, transforma a si mesmo em profano, cujos elementos pertencem a seu patrimônio, objetos suscetíveis de desmembramento ou de experimentações, na medida em que a noção de humanidade torna-se facultativa para vários órgãos ou funções.

O corpo é assim um membro supranumerário do homem[86], e parece que deve ser afastado do indivíduo cujo estatuto é cada vez mais indeciso. Mecanismo biológico sobre o qual reina um homem imaginário. Essa visão biomédica que isola o corpo e deixa o homem em suspensão, como se fosse uma hipótese secundária, sem dúvida descartável, é hoje confrontada à resistência social e à crítica ética generalizada: retiradas de órgãos ou transplantes, quebra do parentesco simbólico em favor da autoridade médica, experimentos com embriões humanos ou com células, objetivação da criança, diagnósticos pré-natais que tendem à eugenia e à fantasiosa supremacia absoluta sobre a vida, imaginação da radical manipulação genética do homem para condicionar a saúde, a forma, e até mesmo os comportamentos; sonhos do acoplamento do homem com a informática na forma de *cyborg*. Ou então, mais banal, a solidão dos moribundos, a obstinação terapêutica, o destino indeciso da morte cerebral, problema de eutanásia, etc. Sintomas que rodeiam a medicina confrontada muitas vezes à rejeição. O homem que ainda não havia abandonado totalmente esse corpo-objeto e que se faz ouvir. O dualismo metódico da medicina e da pesquisa biomédica é confrontado abertamente ao espectro que faz ranger a máquina, isto é, o indivíduo que reivindica a consubstancialidade ao corpo repentinamente promovido a mercadoria, o indivíduo que sabe que é de carne e de símbolo e não se reconhece bem nesse paradigma[87].

---

86 • Sobre os imaginários do ódio do corpo e as fantasias de suprimi-lo da condição humana, cf. LE BRETON, D. *L'adieu au corps*. Paris: Métailié, 1999.

87 • A esse respeito: EDELMAN, B. & HERMITTE, M.-A. *L'homme, la nature et le droit*. Paris: Christian Bourgois, 1988. •LE BRETON, D. *Anthropologie du corps set modernité*. Op. cit.

# Capítulo VII

## Estatuto da sociologia do corpo

### I - O canteiro de obras

A sociologia do corpo, sem dúvida não uma sociologia setorial como outras, possui um estatuto particular no campo das ciências sociais (da mesma forma que a sociologia da morte, e pelas mesmas razões). Um objeto obstinado e dificilmente apreensível como a corporeidade exige uma abordagem especial, capaz de restituir-lhe a complexidade. Essa sociologia, quando toma as precauções epistemológicas adequadas, traça um caminho na diagonal dos conhecimentos constituídos ou a serem enunciados. O pesquisador é propriamente o lugar do cruzamento; como se fosse um espelho do objeto de estudo, o constrói como bricolagem, na melhor acepção do termo, no sentido de que todo saber, mesmo o mais rigoroso, o mais fundamentado, é sempre uma bricolagem teórica, a tentativa de realizar a identificação provisória de seu objeto, exposta às querelas de escola e à obsolescência, mais ou menos demorada para chegar, da história do pensamento. A sociologia aplicada ao corpo desenha uma via transversal no continente das ciências sociais, cruza permanentemente outros campos epistemológicos (história, etnologia, psicologia, psicanálise, biologia, medicina, etc.) diante dos quais afirma a especificidade de seus métodos e ferramentas de pensamento. A análise que faz dificilmente é desenvolvida sem o controle das influências que recebe dessas disciplinas, sem mantê-las no nível respectivo de pertinência sob o risco de diluir seu objeto. O corpo é a interface entre o social e o individual, entre a natureza e a cultura, entre o fisiológico e o simbólico; por isso, a abordagem sociológica ou antropológica exige prudência particular e a necessidade de discernir com precisão a fronteira do objeto.

Essa sociologia ainda está em construção, não obstante as aquisições de pesquisadores de diferentes nacionalidades e as tendências de pesquisas já citadas. A análise sociológica aplicada ao corpo permanece constante na sociologia desde a origem, com inflexões diferentes de acordo com a época, mas a partir dos anos 1960 o esforço de pesquisa é sistematizado; os trabalhos não são mais necessariamente momentos de exceção numa obra que também se desenvolve em outras direções (por exemplo, M. Mauss e suas técnicas do corpo; Simmel e a sensorialidade, etc.). Hoje, numerosos pesquisadores elaboram, de certa forma, a sociologia do corpo em período integral.

## II - A tarefa

A tarefa consiste em esclarecer as zonas escuras, sem ilusão nem ideia fantasiosa de supremacia, no entanto, com aquele fervor que deve conduzir qualquer pesquisa, sem esquecer da humildade e da prudência, nem deixar de lado a imaginação que deve presidir o exercício da reflexão. A atualização do pensamento aplicado a um campo específico na profusão infinita do mundo não deve nunca esquecer que projeta, de forma eletiva, um feixe de luz fundamentado nas escolhas teóricas do pesquisador e no saber de uma época e, além disso, que ela não pode explicar de maneira definitiva a complexidade do objeto, qualquer que seja ele, sobretudo sem dúvida em se tratando da corporeidade. A sombra e a luz se confundem com maior frequência que se distinguem realmente. Pensemos a esse respeito na figura de Clouzot em *O corvo*: na peça em que os personagens aparecem, sombra e luz desenham fronteiras de contornos suaves, mas ainda assim discerníveis. Um sopro sobre a vela e ela oscila. Onde está a sombra, onde está a luz? Onde está a verdade, ou melhor, a pertinência da pesquisa, senão nas condições de sua produção, em permanência submetidas à dúvida, ao rigor, à troca com os outros. Como imaginar uma sociologia não dialógica? E sobretudo quando se trata de elucidar as lógicas sociais e culturais que atravessam e impregnam a corporeidade. Esta última é um abismo que, com uma espécie de arrogância tranquila, nos coloca o desafio de apreendê-la; afirma com força incomparável que a experiência nunca existe no estado selvagem. Qualquer relação com o corpo é o efeito de construção social. Para o pesquisador, também é o fruto da conquista, do olhar, mesmo que fosse o mais exigente, e consequentemente de categorias mentais específicas.

Se a sociologia do corpo já anunciou inúmeros argumentos a seu favor sobre a pertinência possível da perspectiva, se está em posição de fornecer dados significativos, ainda se encontra diante de uma tarefa imensa. Ela deve desse modo dedicar-se ao inventário metódico das modalidades corporais em uso nos diferentes grupos sociais e culturais, distinguir as formas e as significações, as vias de transmissão. Dedicar-se também a comparações entre os grupos, a encontrar novas emergências de gestos, de posturas, de práticas físicas. Inventariar as representações do corpo que, hoje, enchem nossos olhos (modelos energéticos, mecânicos, biológicos, cosmológicos, etc.), distinguir as influências recíprocas. Sem esquecer das representações associadas aos diferentes segmentos corporais, ou ao próprio corpo em seu conjunto, os valores que encarna, as repulsões que suscita, etc. Além disso, a modernidade, com a rapidez das mudanças que implica, o surgimento de doenças como a Aids, modifica constantemente as atitudes diante do corpo e diante dos modos de usá-lo. Ela remodela os imaginários coletivos. Isso ocorre da mesma forma com os novos dados médicos: biotecnologias, retiradas ou transplantes de órgãos, etc.

A modernidade desvenda ao sociólogo um campo infinito de possíveis pesquisas. Outro setor fundamental da pesquisa consiste na explicação das lógicas sociais e culturais que atravessam o corpo, isto é, a parte da dimensão simbólica por exemplo, nas percepções sensoriais, nas expressões das emoções, etc. Esclarecendo as modalidades sociais e culturais das relações que estabelece no corpo, o próprio homem se descobre na extensão de sua relação com o mundo. A sociologia do corpo é a sociologia do enraizamento físico do ator no universo social e cultural.

# Bibliografia

## a) Generalidades

ARGYLE, M. *Bodily communication*. London: Methuen, 1975.

BENTHALL, J. & POLHEMUS, T. *The body as a medium of expression*. New York: Dutton, 1975.

BERNARD, M. *Le corps*. Paris: Delarge, 1976.

_____. *L'expressivité du corps*. Paris: Delarge, 1976.

BERTHELOT, J.-M.; DRUHLE, M.; CLEMENT, S.; FORNE, J. & M'BODG, G. Les sociologies et le corps. *Current Sociology*, 33, 2, 1985.

BLACKING, J. *The anthropology of the body*. New York: Academic Press, 1977.

*Body and society* (primeiro número, 1995. Sage Publications).

BOLTANSKI, L. Les usages sociaux du corps. *Annales*, n. 1, 1974.

EFRON, D. *Gesture, race and culture*. The Hague/Paris: Mouton, 1972.

FEATHERSTONE, M.; HEPTWORTH, M. & TURNER, B. *The body: social process and cultural theory*. London: Sage Publications, 1991.

FEHER, M.; NADDAFF, R. TAZI, N. *Fragments of a history of the human body*. 3 vol.New York: Zone, 1983.

GALIMBERTI, U. *Il corpo:* antropologia, psichanalisi, fenomenologia. Feltrinelli, 1983.

GIL, J. *Métamorphoses du corps*. Paris: La Différence, 1985.

Intercultures. *Corps et Cultures*, n. 17 e 19, 1992.

KERN, S. *Anatomy and destiny:* a cultural history of the human body. Indianapolis/New York: Bobbs Merrill, 1975.

LE BRETON, D. *Anthropologie du corps et modernité*. Paris: PUF, 2001.

_____. Corps et société: essai de sociologie et d'*anthropologie du corps*. Paris: Méridiens-Klincksieck, 1985.

LOUX, F. *Le corps dans la société traditionnelle*. Paris: Berger-Levrault, 1979.

MERLEAU-PONTY, M. *Phénoménologie de la perception*. Paris: Gallimard, 1945.

O'NEILL, J. Le corps communicatif. Paris: Méridiens-Klincksieck, 1995.

_____. *Five bodies:* the human shape of modern society. Ithaca/ London: Cornell University Press, 1985.

POLHEMUS, T. *Social aspects of the human body*. New York: Pantheon, 1978.

Quel corps? *Corps symbolique*, n. 34-35, 1988.

*Revista Española de Investigaciones Sociologicas*. Perspectivas en sociologia del cuerpo, n. 68, 1994.

SHILLING, C. *The body and social theory*. London: Sage, 1993.

TURNER BRYAN, S. The body and society: explorations in social theory. Oxford: Basil Blackwell, 1996.

_____. *Regulating bodies: essays in medical sociology*. London: Routledge, 1992.

**b) Abordagens diversas**

BAUDRILLARD, J. *L'échande symbolique et la mort*. Paris: Gallimard, 1976.

_____. *La société de consummation*. Paris: Gallimard, 1970.

BAUDRY, P. *La pornographie et ses images*. Paris: Armand Colin, 1997.

_____. Le corps extrême. Paris: L'Harmattan, 1991.

BIRDWHISTELL, R. *Kinesics and context*. Harmondsworth: Penguin Books, 1973.

_____. *Introduction to kinesics*. Louisville: University of Louisville Press, 1952..

BRAIN, R. *The decorated body*. New York: Harper & Row, 1979.

BRETON, P. *À l'image de l'homme* – Du golem aux créatures virtuelles. Paris: Seuil, 1995.

CHEBEL, M. *Le corps dans la tradition du Maghreb*. Paris: PUF, 1984.

CLASSEN, C. *The color of angels* – Cosmology, gender and the aesthetic imagination. London: Routledge, 1998.

_____. *Worlds of sense*. London: Routledge, 1993.

CLASSEN, C.; HOWES, D. & SYNNOTT, A. *Aroma* – The cultural history of smell. London: Routledge, 1993.

CROS, M. *Anthropologie du sang en Afrique*. Paris: L'Harmattan, 1990.

DIASIO, N. *Patrie provvisorie* – Roma, anni 90: corpo, città, frontiere. Milano: Franco Angeli, 2001.

DOSTIE, M. *Les corps investis*. Bruxelles: Éd. Universitaires, 1988.

DOUGLAS, M. *Natural Symbols* – Exploration in cosmology. Harmondsworth: Penguin Books, 1973.

_____.*De la souillure*. Paris: Maspero, 1971.

_____. Do dogs laugh? A cross-cultural approach to body symbolism. *Journal of Psychosomatic Research*, 15, 1971.

EBIN, V. *Corps décorés*. Paris: Chêne, 1979.

ELIAS, N. *La civilisation des mœurs*. Paris: Calmann-Lévy, 1973.

FALK, P. *The consuming body*. London: Sage, 1994.

FEYEREISEN, P. & DE LANNOY, J.-D. *Psychologie du geste*. Bruxelles: Mardaga, 1985.

FIRTH, R. Postures and gestures of respect. *Échanges et communications, Mélanges C. Lévi-Strauss*. The Hague/Paris: Mouton, 1970.

FOUCAULT, Michel. *La volonté de savoir*. Paris: Gallimard, 1976.

_____. *Surveiller et punir*. Paris, Gallimard, 1975.

FRANKS, D.D. & McCARTHY, E.D. *The sociology of emotion*. Greenwich: Jay Press, 1989.

GARNIER, C. (éd.). *Le corps rassemblé*. Montréal: Agence d'Arc, 1991.

*Geste et Image*. La communication gestuelle dans les communautés méditerranéennes et latino-américaines, n. 8-9, 1991.

GODELIER, M. & PANOFF, M. *La production du corps*. Paris: Éd. Des Archives Contemporaines, 1998.

GOFFMAN, E. *Les rites d'intéraction*. Paris: Minuit, 1974.

_____. *Stigmate* – Les usages sociaux des handicaps. Paris: Minuit, 1975.

GRANET, M. Le language de la douleur d'après le rituel funéraire de la Chine Classique. *Études sociologiques sur la Chine*. Paris: PUF, 1953.

HALL, E.T. *La dimension cachée*. Paris: Seuil, 1966.

HARRÉ, R. (ed.). *The social construction of emotions*. Oxford: Blackwell, 1986.

HERBERICH-MARX, G.; RAPHÄEL, F. Le corps déchu, in (collectif). *Le corps humain:* nature, culture, surnature. Paris: ENSB-CTHS, 1985.

HERTZ, Robert. La preéminence de la main droite: étude sur la polarité religieuse. *Mélanges de la société religieuse et de folklore*. Paris: PUF, 1928.

HEWES, G. World distribution of certains posturals habits. *American Anthropologist*, n. 57, 1955.

*Histoire et Anthropologie*, n. 23, 2001, "Corps et société".

HOWES, D. (ed.). *The varieties of sensory experience*. Toronto: University of Toronto Press, 1991.

KANTOROWICZ, E. *Les deux corps du roi*. Paris: Gallimard, 1988.

KAUFMANN, J.-C. *Corps de femmes, regards d'hommes*. Paris: Nathan, 1995.

KOECHLIN, B. La réalité gestuelle des sociétés humaines. *Histoire des mœurs*. T. 2. Paris: La Pléiade, 1991.

LABARRE, W. The cultural basis of emotions and gestures. *Journal of Personality*, n. 16, 1947.

LABARRE, W. Paralinguistics, kinesics and cultural anthropology. In: SEBEOK, T.-A.; HAYES, S. & BATESON, M.-C. *Approches to semiotics*. The Hague: Mouton, 1964.

*Langages*, n. 10, 1968.

LAQUEUR, T. *La fabrique du sexe*. Paris: Gallimard, 1992.

LASCH, C. *Le complexe de Narcisse*. Paris: Laffont, 1981.

LE BRETON, D. *Passions du risque*. Paris: Métailié, 2000.

_____. *Les passions ordinaires* – Anthropologie des émotions. Paris: Armand Colin, 1999.

_____. *Anthropologie de la douleur*. Paris: Métailié, 1998.

_____. *L'adieu au corps*. Paris: Métailié, 1998.

_____. La chair à vif – Usages médicaux et mondains du corps humain. Paris: Métailié, 1993.

_____. *Des visages* – Essai d'anthropologie. Paris: Métailié, 1992. —

LEENHARDT, M. *Do kamo*. Paris: Gallimard, 1947.

LE GUERINEL, N. Note sur la place du corps dans le cultures africaines. *Journal des Africanistes*, t. 50, n. 1, 1980.

LEROI-GOURHAN, A. *Le geste et la parole*. Paris: Albin Michel, 1964-1965 [2 t.].

LEWIS, M. S. C. *The socialisation of emotion*. New York: Plenum, 1985.

LIPOVETSKY, G. *L'ère du vide*. Paris: Gallimard, 1983.

LOCK, M. L'homme machine et l'homme microcosme. *Annales, ESC*, 35, n. 2, 1980.

LORET, A. *Génération glisse*. Paris: Autrement, 1995.

LOUX, F. *L'ogre et la dent*. Paris: Berger-Levrault, 1981.

_____. *Le jeune enfant et son corps dans la médecine traditionnelle*. Paris: Flammarion, 1978.

LOUX, F. & RICHARD, P. *Sagesses du corps*. Paris: Maisonneuve & Larose, 1978.

LUTZ, C. *Unnatural emotions*. Chicago: University of Chicago Press, 1988.

MAERTENS, J.T. *Ritanalyses* (2 t.). Paris: Jérôme Millon, 1989.

MAUSS, M. L'expression obligatoire des sentiments. *Essais de sociologie*. Paris: Seuil, 1968.

_____.Effet physique chez l'individu de l'idée de mort suggérée par la collectivité. *Sociologie et anthropologie*. Paris: PUF, 1950.

_____.Les techniques du corps. *Sociologie et anthropologie*. Paris: PUF, 1950.

MECHIN, C. (éd.). *Usages culturels du corps*. Paris: L'Harmattan, 1997.

_____. (éd.). *Anthropologie du sensoriel* – Les sens dans tous les sens. Paris: L'Harmattan, 1998.

MERLEAU-PONTY, M. *Le visible et l'invisible*. Paris: Gallimard, 1964.

MINER, H. Body ritual among the Nacirema. *American Anthropologist*, n. 58, 1956.

MONTAGU, A. *La peau et le toucher*. Paris: Seuil, 1980.

MUCHEMBLED, R. *L'invention de l'homme moderne*. Paris: Fayard, 1988.

MURPHY, R. *Vivre à corps perdu*. Paris: Plon, 1990.

NELKIN, D. & LINDEE, S. *La mystique de l'ADN*. Paris: Belin, 1998.

PERRIN, E. *Cultes du corps* – Enquête sur les nouvelles pratiques corporelles. Lausanne: Favre, 1985.

RAUCH, A. *Vacances et pratiques corporelles*. Paris: PUF, 1988.

ROSSI, I. *Corps et chamanisme*. Paris: Armand Colin, 1998.

ROUGET, G. *La musique et la transe*. Paris: Gallimard, 1980.

SAHLINS, M. *Critique de la sociobiologie* – Aspects anthropologiques. Paris: Gallimard, 1980.

SALTZ, R.-L. & LEVENKA, E.-J. *Handbook of gestures: Columbia and the United States*. The Hague/Paris: Mouton, 1972.

SCARRY, E. *The body in pain*. Oxford: Oxford University Press, 1985.

SCHERER, K. & EKMAN, P. *Handbook of methods in non verbal behavior research*. Cambridge/New York: Cambridge University Press, 1982.

SENNETT, R. *Les tyrannies de l'intimité*. Paris: Seuil, 1979.

SIMMEL, G. *La signification esthétique du visage* – La tragédie de la culture. Paris: Rivages, 1988.

_____. Essai sur la sociologie des sens. *Sociologie et épistémologie*. Paris: PUF, 1981.

STAFFORD, B.M. *Body criticism* – Imaging the unseen in Enlightenment art and medicine. Cambridge: The MIT Press, 1992.

SYNNOTT, A. *The body social: symbolism, self and society*. London: Routledge, 1992.

THOMAS, Louis-Vincent. *Le cadavre*. Bruxelles: Complexe, 1980.

VERDIER, Simone. *Façons de dire, façons de faire*. Paris: Gallimard, 1979.

VIGARELLO, G. *Une histoire culturelle du sport* – Techniques d'hier et d'aujourd'hui. Paris: Revue EPS/Laffont, 1988.

_____. *Le propre et le sale*. Paris: Seuil, 1985.

_____. *Le corps redressé*. Paris: Delarge, 1978.

VILELA, E. *Do corpo equivoco*. Braga: Angelus Novus, 1998.

WINKIN, Y. (ed.). *La nouvelle communication*. Paris: Seuil, 1981.

ZBOROWSKI, M. *People in pain*. San Francisco: Jossey Bass, 1969.

Conecte-se conosco:

**f** facebook.com/editoravozes

**⊙** @editoravozes

**𝕏** @editora_vozes

**▶** youtube.com/editoravozes

**☏** +55 24 2233-9033

## www.vozes.com.br

Conheça nossas lojas:

www.livrariavozes.com.br

Belo Horizonte – Brasília – Campinas – Cuiabá – Curitiba
Fortaleza – Juiz de Fora – Petrópolis – Recife – São Paulo

*Vozes de Bolso*
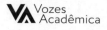

**EDITORA VOZES LTDA.**
**Rua Frei Luís, 100 – Centro – Cep 25689-900 – Petrópolis, RJ**
**Tel.: (24) 2233-9000 – E-mail: vendas@vozes.com.br**